The Principle of Excellent Marketing

탁월한 마케팅의 원리

임성룡 지음

KyoWooSa 敎友社

저자서문

모든 활동은 결국 마케팅으로

피터 드러커는 "경영자가 진정으로 해야 할 일은 단지 두 가지, 혁신과 마케팅이다."라고 말했다. 그만큼 마케팅은 중요한 활동이다. 기업의 모든 활동은 결국 마케팅으로 이어지고 마케팅에 관련된다.

노스웨스턴 대학교의 교수 필립 코틀러는 마케팅에 대한 접근방식을 복잡성의 정도에 따라 5가지로 분류했다. 첫째, 생산 개념이다. 제품을 싸고 효율적으로 생산해 공급하는 것이다. 둘째, 제품 개념이다. 최상의 품질이 되는 제품이다. 셋째, 판매 개념이다. 소비자의 욕구에 초점을 맞추는 것이다. 넷째, 마케팅 개념이다. 이는 소비자의 욕구를 충족시키는 것이다. 다섯째, 사회적 마케팅 개념이다. 소비자 욕구를 채우고 관심사에 맞추려는 것이다.

마케팅은 가치를 전달하는 활동

마케팅은 가치를 시장에 전달하는 활동이다. 마케팅은 상업 활동만이 아니라 제품을 제대로 생산하고 품질을 좋게 하는 것도 포함되는 활동이다. 요컨대 마케팅이란 시장에 접근하는 모든 활동을 의미한다. 이는 영리 활동과 비영리 활동을 포함한다. 결국 가치를 창출하는 모든 활동은 마케팅으로 귀결되는 것이다.

또한 영리기업이나 비영리단체 등이 하는 활동만이 아니라 개인들의 활동도 마케팅의 영역이 될 수 있다. 직장인은 조직 내 모든 직위의 사람들과 업무관계를 하고 있으며 가치를 전달해야 할 책임이 있다. 자신의 가치를 잘 전달하는 사람은 뛰어난 마케팅 활동을 하는 것이며, 그렇지 못한 사람은 무능한 마케팅을 하는 것으로 볼 수 있다. 자신의 가치를 창출하는 사람 즉 유능한 마케팅을 하는 사람만이 생존이 보장될 수 있다.

연구결과에 의하면, 전 세계 수만 개의 직업 중에서 가장 어려운 직업 순위 1위는 대중 연설가라고 한다. 순위 2위는 비즈니스맨이라고 한다. 세계에서 가장 어려운 직업인 비즈니스맨은 높은 능력이 있는 사람만이 가능한 것이다. 비즈니스맨이란 세일즈맨을 비롯하여 경영자 등 마케팅에 관여하는 사람들을 총칭하며 모든 사업가는 비즈니스맨이다. 비즈니스맨은 마케팅에서 중요한 역할을 담당하며 비즈니스맨으로 생존하는 것은 엄청난 능력과 정신력을 필요로 한다.

발견을 결정짓는 것은 이론이다

앨버트 아인슈타인은 "우리의 발견을 결정짓는 것은 이론이다"라고 말했다. 마케팅을 성공적으로 수행하려면 탁월한 이론을 바탕으로 해야 한다. 탁월한 마케팅 이론은 뛰어난 실행을 뒷받침할 수 있다. 좋은 이론은 복잡하고 어려운 마케팅 활동을 지도하는 원동력으로 작용하기 때문이다.

지난 1999년 여름, 약 29년간 근무했던 외환은행에서 명퇴를 선택한 필자는 10년여 동안 마케팅의 현장에 직접 참여하여 경험해 왔다. 마케팅 활동은 매우 힘든 것이다. 그동안 필자는 마케팅의 이론을 시험하고 검증해 보았다. 중요한 것은 지속적으로 성공할 수 있는 마케팅 노하우가 절실히 필요하다는 사실이다. 시장에서 오래 생존하고 성공하려면 마케팅의 중요한 원리를 실천해야 한다. 이 책에서는 지속적으로 성공하게 만드는 탁월한 마케팅의 원리를 제시할 것이다.

이 책은 그동안 10년여의 필자의 경험을 토대로 하였고, 그동안 연구해 온 수많은 관련 도서들과 더불어 필자의 여러 저서들 특히 "마케팅의 위력과 함정"(출판사 학문사), "독특한 마케팅 기술"(도서출판 교우사)을 참고하고 인용하였음을 밝힌다.

2011년 5월

임 성 룡

목 차

chapter 01

폴 뉴먼 회사의 탁월한 가치

탁월한 마케팅의 원리

chapter 01

폴 뉴먼 회사의 탁월한 가치

폴 뉴먼은 51편의 영화, 4편의 브로드웨이 연극에 출연한 배우이다. 그가 샐러드 드레싱을 위한 회사 이름을 주식회사 '샐러드 킹'으로 하고 1982년 사업 활동을 시작하였을 때 많은 사람들은 그가 사업가로 성공할 것이라고는 생각하지 않았다. 주식회사 샐러드 킹에서 폴 뉴먼은 회장의 직책을 맡았다.

어리석은 사업가가 마케팅에서 엄청난 성공

여러 해가 지난 후 뉴먼의 사업이 성공적으로 진행되고 있을 때에 뉴먼은 성공 비결에 대해, "저는 어떤 아이디어도 가지고 있지 않습니다. 우리는 아무런 계획도 세우지 않습니다. 나는 가장 어리석은 사업가입니다."라고 말했다. 그런 "어리석은 사업가"가 마케팅에서 엄청난 성공을 한 것은 마케팅의 성공 원리를 그가 실천하였기 때문이다. 폴 뉴먼은 사업에서의 경험들을 저서를 통해 알려주었다.

폴 뉴먼은 샐러드 드레싱을 손수 만들었고 자신의 샐러드 드레싱에 큰 자부심을 가지고 있었다. 인공첨가제들을 넣지 않는 천연 재료로만 만들었기 때문이다. 뉴먼은 2만 달러의 종자돈을 마련하고 그의 친구인 허츠너는 실무를 처리하기로 했다. 뉴먼과 허츠너는 전통적인 것을 거부하고 그들만의 방식을 고수했다. 샐러드 드레싱의 제품명은 '뉴먼스 오운'이었다. 100% 천연재료로 만드는 제품이었다.

이 제품은 한 병에 1달러19센트이고 두 병을 구입하면 월계수잎을 무료로 증정하였다. 반드시 주문을 받은 후 물건을 납품했기 때문에 드레싱은 제조자에서 소비자에게 직접 전달되었다. 뉴먼이 초기에 투자한 2만 달러는 6주 만에 회수했고 나머지 2만 달러는 사용조차 하지 않았다.

바이어들과 소비자들로부터 찬사를

1982년12월 뉴먼과 허츠너는 한 레스토랑을 선택하여 샐러드 드레싱을 위한 행사를 열었다. 그곳에 대형 슈퍼마켓의 바이어들, 신문사와 방송사, 잡지사 등의 미디어 관계자들을 초대하였는데 그 행사는 미국 전역과 해외까지 널리 소개되었고 주문이 홍수처럼 밀려들기 시작했다.

뉴먼은 신선한 양파와 마늘의 부정적인 영향을 제거하기 위하여 다양한 방법으로 실험했다. 신선한 양파와 마늘을 잘게 썰어서 식초와 혼합한 후에 2주일 동안 숙성시키면 신선한 향은 그대로 유지하면서 지독한 맛이 제거된다는 사실을 알게 되었다. 이 제품에는 신선한 양파와 마늘만을 사용했다. 또한 값싼 사과식초보다 훨씬 비싼 고급 레드와인 식초를 사용하였다. 뉴먼과 허츠너는 제품의 품질에 대한 분석과 관리를 전담하는 기업인 슈스터와 계약하여 지난 20년 동안 드레싱의 품질을 세심히 관리하여 왔다.

뉴먼과 허츠너의 샐러드 드레싱은 바이어들과 소비자들로부터 찬사를 받았다. 이 제품은 다른 샐러드 드레싱과 차별화를 이루었고 품질도 아주 좋았다. 제품 자체가 좋았기 때문에 반복구매가 이루어졌다.

수익금 전액을 자선단체에 기부

뉴먼스 오운은 계속 성장하여 공장도 확장되었다. 새로운 제품도 개발하였다. 스파게티 소스를 새로 개발했는데 순전히 천연재료로만 만들었다. 샐러드 드레싱에도 후속제품을 선보였다. 처음 6개월 동안 매출 50만 달러에 6만5천 달러의 수익을 거두였다. 뉴먼은 수익금 전액을 자선단체에 기부하였다. 1년 동안 사업을 운영한 첫해인 1983년 매출액은 320만 달러, 수익금은 39만 달러로 늘어나 수많은 자선단체에 돈을 기부하였다.

2년 동안 뉴먼과 허츠너는 최고의 옥수수를 찾아다녔다. 그 결과 '뉴먼스 오운 올드 스타일 픽처 쇼 팝콘'이 출시되었다. 그의 회사에서 레모네이드 제품을 개발하여 출시하였는데 '뉴먼스 오운 올드 패션드 로드사이드 버진 레모네이드'라는 제품이다. 그들은 "이 제품은 처녀성을 되돌려준다"는 과감한 문구까지 추가했다. 뉴먼은 레모네이드 포스터에 우피 골드버그를 등장시켰다.

뉴먼스 오운에서 신제품들이 이어져 나왔는데 팝콘, 라이트 이탈리안 드레싱, 매콤한 소스, 랜치 드레싱, 파스타 소스 등이 있다. '컨슈머 리포트'지는 뉴먼스 오운 팝콘을 1위로 선정했다. '벌링턴 타임스'도 제품 콘테스트를 통해 뉴먼스 오운을 1위로 설정하였다. '시카고 트리뷴'은 "뉴먼스 오운은 맛이 아주 적당하며 가격까지 합리적이다"라며 가장 높은 점수인 A를 주었다.

돕는 것을 가장 뿌듯해했다

폴 뉴먼은 "자선사업에 헌신한 공로"로 오스카 시상식에서 '진 허숄트 박애주의상'을 수상했다. 뉴먼과 허츠너는 뉴먼스 오운 제품으로 요리하는 요리 컨테스트를 개최하였는데 상금은 수상자에게 직접 지급하지 않고 그들이 원하는 자선단체에 기부하는 방식을 채택했다. 그밖에 두 개 분야의 상을 제정하여 의미 있는 행사를 개최하여 왔다. 뉴먼과 허츠너는 여러 자선단체들에게 기부금을 전달했는데 작은 단체들을 돕는 것을 가장 뿌듯해했다.

1985년은 뉴먼과 허츠너가 사업을 시작한 지 4년째 되던 해였다. 그들은 난치병에 걸린 아이들을 위한 캠프를 마련하는 일을 생각했다. '산골짜기 갱단 캠프'라는 캠프를 마련하여 치명적인 질병에 걸린 아이들이 투병에서 힘을 얻도록 하기 위한 것이었다.

뉴먼과 허츠너는 미국뿐만 아니라 전세계를 돌아다니면서 캠프의 부지를 물색하였다. 자발적인 기부자들이 끊임없이 밀려들기 시작하여 이들의 계획을 지원해주었다. 많은 사람들이 재정적인 지원과 물심양면의 도움을 주었다. 과거에 전립선암을 극복했던 전력이 있는 슈바르츠코프 장군은 이 캠프의 공동설립자가 되었다.

저는 사업의 허상을 알아버렸습니다

캠프는 미국, 이스라엘, 프랑스, 아일랜드 등 전세계에 걸쳐 건설되었다. 가장 야심찬 계획은 아프리카에 새로운 캠프를 설립하는 일이었다. 2002년에 보츠와나와 나미비아에 캠프가 건설되었다.

2002년 뉴먼과 허츠너는 총매출 1억1천만 달러에 세금을 공제한 1,200만 달러의 순수익을 거두었고, 그 돈을 200개 이상의 자선단체들에 모두 기부했다. 이제 뉴먼스 오운 공장은 15개 공장-미국에 13개, 호주와 스코틀랜드에 각각 1개-에서 무려 77가지 제품을 생산하게 되었다.

폴 뉴먼은 "식품을 판매하는 일에 몰두하면서 저는 사업의 허상을 알아버렸습니다. 그것은 연못에서 가장 큰 물고기가 되거나 경쟁자들을 물리치고 달콤한 주스를 얻어내려는 유혹입니다. …. 1982년부터 지금까지 1억5천만 달러를 벌어들였습니다."라고 말했다.

뉴먼이 "사업의 허상을 알아버렸다는 것"을 유의해야 한다. 그는 경쟁이나 달콤한 주스를 얻어내려는 유혹에 빠지지 않았다는 것이다. 그것이 그의 저력이었으며 뛰어난 마케팅을 뒷받침하는 원동력이었다. 그는 무엇을 얻으려고 하기보다는 가치를 창출하는 것에 더 높은 의미를 부여하였다.

큰 가치가 있는 것을 위하여 마케팅

폴 뉴먼은 자선사업을 지원하면서 "자선활동은 반드시 익명으로 실행해야 합니다. 하지만, 어쩔 수 없이 요란해야만 합니다. 그 돈이 좋은 일에 쓰인다는 사실을 알려주어야 합니다. 이런 모순된 양면성을 극복하면서 우리는 자선사업을 지원할 수 있었습니다."라고 말했다.

뉴먼스 오운의 제품은 모두 100% 천연재료, 무방부제 재료로 만들었다. 뉴먼과 허츠너의 확신은 사람에게 믿음을 이끌어내었다. 폴 뉴먼의 사업은 자신의 수입을 위한 것이 아니었다. 그는 더 큰 가치가 있는 것을 위하여 마케팅을 하였다. 그의 진실성이 많은 소비자들에게 매혹적인 것으로 받아들여졌다는 것이다.

가치에 대한 헌신, 가격보다 큰 가치를 창출하여 사람들에게 이익을 주는 마케팅이 바로 뉴먼이 실천한 원리였다. 많은 돈을 벌고자 하는 것은 뉴먼에게 의미가 없었다. 그는 좋은 제품을 만들었고 합리적인 가격에 의해 창출된 이익을 남김없이 자선단체에 기부하였다. 뉴먼은 가치를 끊임없이 향상시키고 고객들에게 이익을 주었으며 창출된 이익금을 모두 기부하였다. 폴 뉴먼과 그의 친구 허츠너는 가장 위대한 마케팅 원리를 실행하였던 것이다.

chapter 02

의미 있는 마케팅을 추구하다

탁월한 마케팅의 원리

chapter 02

의미 있는 마케팅을 추구하다

이윤을 우선할 때 문제가 발생

많은 기업이 실패하는 이유의 하나는 결과물에 불과한 이윤을 중요시하기 때문이며 그 원인이 되는 가치창출을 제대로 하지 못하기 때문이다. 수익을 창출한 수 없는 것은 고객에게 전달되는 가치가 충분하지 못하기 때문이다. 기업에서 임직원들이 가치 창출을 할 수 있는 능력을 갖추는 것은 매우 중요하고 기본적인 요소이다.

뛰어난 투자가인 워렌 버펫은 "기업의 성공보다 실패를 연구함으로서 더 많은 것을 얻을 수 있다"라고 말했다. 성공에만 집착하는 기업은 실패를 분석하지 않는 경향이 있다. 대부분의 기업은 절망적인 수준에 이르러서야 실패를 깨닫는다고 한다. 분명한 사실은 기업이 가치 창출보다 이윤을 우선할 때 문제가 발생한다는 것이다.

어느 기업이든 '이윤 추구'가 기본적인 목표라면 오히려 이윤은 감소할 것이다. 우수한 증권중개회사인 에드워즈사의 경영자는 "놀랍게도 이윤을 목표로 하지 않았을 때 오히려 이윤이 증가했다"고 말했다. 렉서스의 일링워스는 "이익에 매달릴수록 성공하기 어렵다"라고 말했는데 이는 그의 경험에서 알게 된 사실이었다. 기본적인 사업목표는 '행복한 고객을 창조하는 것' 즉 고객을 위한 가치 창출이어야 한다는 점이다. 핵심은 고객에게 가치를 주어 고객의 행복을 창조하는 자가 승리한다는 것이다.

이윤이 아니라 가치

보험회사인 USAA는 군 장교들을 대상으로 하는 자동차 시장에서 90%이상의 점유율을 차지하고 있었다. 이 회사는 상품을 다양하게 제시하고, 서비스를 높이며 고객 만족도를 높이는 데 초점을 맞추었다. 이 회사는 모든 고객의 요청과 불만을 한 차례의 접촉만으로 처리할 것을 목표로 삼았다. 이 회사는 강력한 고객지원체계를 마련하고 직원의 역할을 재조정하였다. 그 결과 효율성과 서비스 두 가지 요소가 모두 뛰어날 수 있었다.

USAA는 전쟁 지역에 있는 사람들에게 보험을 판매했다. 이 회사는 고객에게 봉사하기 위해 핫라인을 설치했다. 또한 전쟁으로 연체된 보험료 납부가 보험을 취소시키지 않을 것임을 계약자들에게 약속했다. 또한 직원의 교육과 훈련에 과감한 투자를 했다. USAA 최고경영자는 "USAA를 주도하는 것은 이윤이 아니라 가치이다. 서비스는 이윤이나 성장보다 앞선다"고 말했다. 가장 중요한 것은 이 회사가 최선의 고객 가치를 위해 애썼다는 점이다. 핵심은 이윤이 아니라 고객가치를 우선해야 한다는 것이다.

진정한 성공의 의미

빅토르 프랭클은 빈 의과대학 신경정신과 교수였다. 유태인인 프랭클은 제2차 세계대전 중에 나치수용소에 수감되어 극한 상황에 처했으며 구사일생으로 살아남아 생의 의미를 다시 연구하게 되었다. 프랭클은 인간이 행복하려면 어떠해야 하는지, 진정한 성공의 의미에 대하여 저서를 통해 알려주었다.

프랭클에 의하면, 인간의 '행복의 추구' 그 자체가 그것을 좌절시키는 것이다. 행복이나 쾌락은 인간이 추구하고자 하는 것의 목표가 아니라 하나의 결과로서 얻어진다는 것이다. 성공과 행복은 그것에 연연해하지 않을수록 그것이 찾아올 가능성이 크다고 그는 말했다.

홈런 기록에 연연하지 않기로

야구선수 이승엽이 아시아 홈런 기록을 돌파시키기 직전의 일이었다. 그는 단 하나의 홈런만 치면 일본의 왕정치가 세운 대기록을 갈아치울 수 있었다. 그런데 그는 타석에 들어설 때마다 헛방망이질만 하고 있었다. 여러 게임이 지나도 홈런이 터지지 않자 답답했던 팬들을 대신하여 기자들이 그 이유를 물었다.

이승엽은 그동안 자신에게 크게 좌절하고 있었다. 매 게임마다 마음만 먹으면 홈런을 치던 그가 단 하나의 홈런을 못치고 안달하였던 것이다. 그는 결국 마음을 고쳐먹었다. 이승엽은 "나는 홈런기록에 연연하지 않기로 했습니다."라고 기자들에게 대답했다. 홈런을 목표로 하지 않기로 했던 것이다.

홈런을 목표로 하지 않자 그의 몸과 마음은 가벼워졌다. 그 이후 게임에서 시원한 홈런을 날려버렸던 것이다. 인간은 어떤 목표에 집착할수록 그것을 달성할 가능성이 적어진다는 프랭클의 주장이 실현되었다. 프랭클은 "성공과 행복은 그것에 연연해하지 않을수록 그것이 찾아올 가능성이 크다"라고 말했었다. 이승엽이 홈런 목표에 연연해하지 않자 그는 홈런 가능성을 급속히 높였다.

헌신함으로써 이루어질 수

프랭클은 "자아실현은 인간의 궁극적인 목표가 아니다. 자아실현도 하나의 결과, 즉 의미를 성취한 결과로서 나타나는 것이다."라고 말했다. 자아실현을 '삶의 의도성에 의해 얻어지는 의도하지 않은 결과'라고 말했던 것이다. 인간이 자아실현에 연연해하면 그것이 성취될 가능성이 줄어든다는 그의 주장은 매슬로우의 시각과 정확하게 일치하였다. 매슬로우는 자아실현은 '중요한 일에 헌신함으로써' 이루어질 수 있다는 점을 인정했기 때문이다.

프랭클은 인간에게 무엇보다 정신적 긴장이 필요하다고 생각했다. 정신적 긴장은 정신건강의 필수불가결한 것이고 무긴장의 상태는 매우 위험한 것이라는 것이다. 그에게 인간이 이상과 가치로 살아가는데 긴장감은 매우 중요하였다. 이 정신적 긴장은 스트레스와는 다른 것이다. 스트레스는 외부의 압력에 의한 것이다. 반면에 정신적 긴장은 스스로의 자각에 의한 건전한 정신 활력에 기반을 둔다. "인간은 자유 의지와 함께 의미 즉 삶의 의미를 찾으려는 의지가 있다"고 프랭클은 주장했다.

프랭클은 "쾌락 자체에 목적을 두게 되면 쾌락은 망쳐지게 되고 결딴나게 될 것이다."라고 말했다. 프랭클의 연구는 목표에 집착하는 것이 매우 위험한 것임을 확신히였다. 마케팅에서 "매출이나 이익"을 목표로 하면 그것이 달성될 가능성이 오히려 적어진다는 역설을 입증한 것이었다. 기업은 가치를 창출하여 고객에게 줄 때 결과적으로 매출과 이익이 나오는 것이다. 요컨대, 마케팅에서 매출이나 이익을 목표로 하지 말고 가치 창출을 목표로 해야 한다. 그것이 기업을 생존하게 하는 절대적인 마케팅의 과제이다.

지나친 이기주의를 방지하는 안정장치

막스 베버는 "신교도 정신에는 지나친 이기주의를 방지하는 윤리적 안정장치가 내재되어 있다"고 언급했다. 인간 노동의 효율성을 추구했던 프레드릭 테일러는 퀘이커 교도였다. 프레드릭 테일러는 스스로에게 엄격했으며 어느 누구도 벼락부자가 되어서는 안 된다고 생각했다. 이러한 정신에는 기업가는 단순히 돈을 버는 것이 목표가 되어서는 안 된다는 생각이 있었다. 기업가가 사회적 사명을 수행하면서 얻게 되는 보람이 중요한 것이었다.

테일러는 과학적 관리의 탁월한 창시자라고 한다. 그는 퀘이커 교도로서 생활비는 자기가 벌어야 한다는 신념을 가졌다. 그는 일당 35불의 비용을 받고 하는 자문, 발명, 투자 등으로 1900년에서 1911년까지 매년 약 5만 불을 벌었다. 1910년 자기 아버지의 90만 불의 재산 중 자기 몫을 거부했지만 그가 죽었을 때 그 자신의 재산은 70만 불로 추정되었다.

그는 술을 마시지 않았고 술을 대접하지도 못하게 했으며 담배도 피우지 않았다. 1915년에 세상을 떠난 테일러는 수입을 통해 얻는 의미보다 사회적 사명의 수행이 더 큰 의미가 있는 것으로 보았다. 바로 거기에서 기업가의 사회적 가치가 나온다는 것이다.

사회적 가치를 창출한 선구적인 기업가

수백 년 전에, 영국의 기업가 로버트 오언은 사회적 가치를 창출한 선구적인 기업가였다. 기업 환경이 매우 열악하고 노동조건이 비참했던 시대에 오언은 기업가로서의 탁월한 이상을 실천했던 것이다. 오언은 1771년 노스웨일스에서 태어났다. 그는 10세에 집을 떠나 런던으로 갔다. 그는 형과 함께 일하다가 포목상에서 견습생으로 일했다. 16세가 되자 산업혁명의 중심지였던 맨체스터로 이주해 정방기 부품을 제조하는 소규모 작업장을 만들고 조그만 방적소를 창립했다. 공장은 오언의 지도로 계속 높은 수익을 산출했다.

오언은 독서를 좋아하는 습관과 윗사람들의 마음을 사로잡는 능력이 있었다. 그는 19세 때 방직공장에서 감독자의 직책을 맡게 되었다. 오언은 저축한 돈 3천 파운드와 결혼지참금 3천 파운드로 공장을 인수하였다. 그는 자신이 아닌 주민들을 위한 경제공동체를 건설하였다.

오언은 노동자들에게 관심을 가졌고 학교를 설립하여 회사 상점의 수익금으로 운영했다. 그는 7살 미만의 아이들은 공장노동을 허용하지 않고 학교를 다니도록 했다. 오언의 부인은 교사로 일했다. 오언은 1816년 영국 최초의 유치원을 설립하여 유아들의 교육을 시행했다. 오언은 장인에게서 낮은 빚을 얻어 공장을 운영하면서 그럭저럭 이윤을 발생시킬 수 있었다.

이상을 추구하는 탁월한 가치를 창출

1813년 오언은 두 편의 논문을 발표했다. 그는 협동마을운동에 대한 열정이 있었는데 그의 구상은 나중에 이스라엘의 키부츠에서 그대로 실현되었다. 그는 1824년 주식을 팔아서 미국으로 건너가 인디애나 주에 3만 에이커의 토지를 매입했다. 1826년 그는 '뉴하모니 마을'을 결성하고 정신적 독립을 선언했다. 사적 소유, 비이성적 종교 등의 속박으로부터의 독립을 선언한 것이다. 뉴하모니 마을에 800명의 정착민들이 입주했다.

2년 후 오언은 영국으로 돌아와 공동체를 건설하는 계획을 추진했다. 그는 자기 확신에 가득 차 있었다. 또한 그는 노동자 이익의 대변자로서 환영을 받았다. 그의 사상은 '오언주의'로 불린다. 1833년 오언은 하루 노동시간을 8시간으로 단축하자는 운동을 전개하였다. 오언주의자들은 전국노동조합대연대를 결성하고 노동자계급의 노조운동을 시작했다. 오언은 1858년 87세로 사망했다.

오언을 성공하게 만든 인내심, 뛰어난 대인관리 능력은 빛을 발했다. 무엇보다 사람들의 이목을 집중시킨 것은 그가 뉴 라나크에서 만든 새로운 공동체였다. 오언은 교육, 숙박시설, 보건 서비스를 제공했으며 구내 매장을 개설하기도 했다. 그의 회사에서는 노사문제가 거의 발생하지 않았다.

가장 주목받은 것은 그의 교육중시 사상이었다. 오언은 교육이 인간계발의 중요한 요소라고 생각했다. 그는 회사 전반에 걸쳐 학습과 지식습득을 장려했다. 오언의 행적은 주변 환경이 아무리 열악하고 힘들더라도 높은 이상을 추구하는 사람은 탁월한 가치를 창출할 수 있다는 좋은 사례였다.

학습이 가치를 창출하는 원천

아브라함 매슬로우의 '자아실현' 욕구는 기업가 정신과 유사하다. 많은 혁신가들은 학습과 지식의 생성을 기업의 핵심가치로 삼았다. 게이오 대학교 창립자인 후쿠자와 유키치는 교육의 역할과 필요성을 끊임없이 강조하였다. 혁신적인 기업은 몇 가지 특징을 갖는다.

그 중에 가장 중요한 특징은 배움의 철학으로, 학습의 본질적 가치를 믿으며 궁극적으로 학습이 가치를 창출하는 원천이 된다고 생각한다. 다른 하나는 경영에서 자아실현을 추구하는 지도자 정신이다. 경영에서 장기적 차원의 성공은 혁신 창출에 달려 있다. 끊임없이 학습하고 생각하면서 혁신을 창출하는 문화를 만들어 내는 데에 달려 있는 것이다.

돈이 아니라 의미 있는 가치를 창출

인간은 탐구하고 창조하고자 하는 선천적인 욕구가 있다. 1948년 조셉 우드랜드와 동료인 밥 실비는 필라델피아의 드렉셀대학 강사였다. 1949년에 두 사람은 기초적인 바코드 특허신청서를 출원했다. 3년 후인 1952년에 그들은 특허를 취득했다. 바코드가 상업적으로 실현되기까지는 그들에게는 다시 20년간의 좌절이 더 필요했다. 우드랜드는 자신의 바코드 특허를 IBM에 팔려고 여러 차례 시도했는데 성공하지 못했다.

바코드의 특허유효기간이 만료가 되어 IBM은 바코드 사업에 뛰어들었는데 우드랜드는 IBM에서 바코드를 실용화하는 작업에 기여하였다. 결국 IBM은 바코드를 활용하여 엄청난 이익을 얻었다. IBM에게 거절을 당했던 우드랜드는 이 일에 스스로 지원했던 것이다.

창의성에는 내재적 동기가 그 원동력이다. 인간은 단지 돈을 벌고자 일을 하는 것이 아니라는 것이다. 인간에게는 궁극적으로 의미를 찾는 것이 본연의 욕망이다. 가치 창출을 통해 의미를 찾았을 때 순수한 욕망의 충족이 달성되는 것이다. 마케팅의 목적은 돈이 아니라 의미 있는 가치를 창출하는 것임을 유념해야 한다.

chapter 03

서비스 기업들의 탁월한 가치

탁월한 마케팅의 원리

chapter 03

서비스 기업들의 탁월한 가치

서비스매스터의 탁월한 가치

단계적으로 추구하는 것이 성공 공식

윌리엄 폴라드는 서비스매스터사의 회장이다. 폴라드는 최고경영자로서의 그의 경험을 저서를 통해 밝혀주었다. 서비스매스터는 1930년대에 방충 사업으로부터 시작되었다. 이 회사는 카펫 설치의 붐을 타고 카펫 청소 사업에 뛰어들었다. 이 회사는 카펫 청소에서 가정집과 일반 사무실을 아우르는 청소 사업으로 확장해갔다.

그리고, 1960년대에는 병원 청소사업을 시작했고, 정원관리 사업에도 진출했다.

청소사업은 세탁사업으로 정원관리 사업은 해충방지 사업으로 이어졌고, 서비스 영역은 교육기관으로까지 확장되었다. 이런 식으로 단계적인 확장의 수순을 밟으면서 지속적으로 성장을 달성할 수 있었다. 잔디관리 사업 등 인접 영역으로의 확장을 단계적으로 추구하는 것이 서비스매스터의 성공 공식이었다.

돈이 아니라 대의명분을 위해

폴라드는 매년 며칠은 서비스 최일선에서 일하는 직원들과 함께 일했다. 직원들과 그들이 섬기는 고객을 더 잘 이해하기 위해서였다. 그는 서비스매스터에 입사한지 20여 년이 넘었다. 이 회사는 20만 명을 고용, 30개 국에서 5백만 명의 고객을 섬기고 있으며 뉴욕증권거래소에 상장된 기업이다. 폴라드는 "수익에만 초점을 맞추면, 그 핵심역량을 키우는 데 실패한 기업이 될 것이다."라고 말했다. 그의 회사는 순이익률이 평균50%에 달했다.

폴라드는 "우리에게는 인격이 필요하다는 사실이다. 오직 사람만이 서비스할 수 있고 이끌 수 있으며 혁신과 창조를 이룰 수 있다."라고 말했다. 그는 사람들은 돈이 아니라 대의명분을 위해 일하기를 원한다는 것을 알게 되었다. 직원들이 일에 성취감을 느끼고 공통 목적을 가지고 있으며 함께 일하는 사람들에게 만족을 느낄 때 좋은 회사가 만들어진다는 것이다.

폴라드는 "위대해지고 싶은 것은 모든 사람들의 기본적인 욕구이다."라고 말했다. 직원들간의 협력과 언약 정신, 충성심은 매우 중요하였다. 그것이 있어야 기업의 역량이 발휘될 수 있기 때문이다.

탁월성에 타협이 있어서는 안 된다

폴라드는 그의 눈으로 직접 서비스의 질을 확인하였다. 고객에게 약속한 것은 반드시 지켜야 한다는 것이다. 기존 고객을 계속 붙드는 것보다 새로운 고객에게 서비스를 판매하는 것이 5배는 힘들다는 점을 그는 알고 있었다.

"서비스의 질이나 탁월성에 타협이 있어서는 안 된다"라고 폴라드는 말했다. 그는 리더십은 섬김, 지원, 주도적 역할을 하는 것임을 알고 있었다. 그는 일을 개선하고 더 나은 미래의 가능성이 바로 학습임을 강조했다. 폴라드는 "리더는 책임을 져야 하고 반드시 약속을 지켜야 한다"고 말했다. 일에서 차이를 만들어내는 것은 사람의 몫이라는 것을 그는 강조했다. 그는 탁월한 가치를 창출하는 것이 중요함을 인식하였다.

징거맨의 탁월한 가치

끊임없이 교육시켰고 실천

음식점 '징거맨'은 애리 바인츠바이크 등이 1982년 공동으로 사업을 시작한 업체이다. 현재는 8개의 사업체에 400여 명의 종업원을 거느린 연간매출 2,500만불 규모의 '징거맨스 커뮤니티 오브 비즈니시즈'라는 기업으로까지 발전하였다. 바인츠바이크는 징거맨에서의 자신의 경험을 저서를 통해 알려주었다.

이 음식점은 여러 음식관련 출판물로부터 세 번에 걸쳐 '올해 최고의 식품업체'로 선정되었고, '세계 유명 음식점 25곳' 중 하나로 선정되기도 했다. '트레이닝 앤드 디벨롭먼트' 잡지는 2003년 그의 회사의 하나인 징트레인을 우수 교육훈련 기관으로 선정하였다.

미시간 대학교에서 사학을 전공한 바인츠바이크는 식당을 열고 서비스라는 것에 대해 체계적으로 열성적으로 교육하여 왔다. 그는 끊임없이 교육시켰고 실천했으며 스스로를 측정하고 평가했다.

그들은 서비스에 헌신했다

바인츠바이크는 "미소 지을 줄 모르면 가게 열어서 장사할 생각은 하지도 마라"는 유대 속담을 명심하고 있었으며 그가 서비스에 관한 교육을 하지 않고 넘어간 날이 없었다고 한다. 1982년, 그가 폴 새지노와 처음 식당을 시작했을 때 종업원 두 명을 채용했다. 1년 안에 90%가 문을 닫는 것이 식당 업종이기에 그는 고객들이 식당을 찾아준 것에 진심으로 고마움을 표했다. 그의 델리델리카트슨의 약칭, 미리 조리된 식품을 판매하는 곳 식당은 35평 가량의 넓이에 좌석이 24개뿐이었다.

이 음식점의 원칙은 "고객이 미소짓게 하는 서비스를 제공하고, 고객이 기쁨을 느끼는 음식물을 판매함으로써 징거맨에서 보내는 시간이 누구에게나 값지고 의미 있는 시간이 되도록 한다"이다. 그 내부 운영 원칙이란 "일할 맛 나는 직장을 만들고, 지역사회에 기여하고, 오랜 관계에 대해 보답을 하고, 서로의 성공을 돕고, 재미있게 일하는 것"이다. 또한 "고객은 물론 임직원 서로에게도 탁월한 서비스를 하라"는 것이다.

그들은 서비스에 헌신했다. 고객의 기쁨은 곧 그들의 기쁨으로 간주하였다. 탁월한 서비스를 제공한다는 사실에 그들은 무한한 긍지를 느껴 왔다. 한 걸음 더 나아간 서비스가 결국 징거맨의 서비스를 탁월하게 하는 요인이었다.

사소해 보이는 일들이 탁월한 서비스

징거맨 운영원칙에, "우리는 고객을 대하듯 동료끼리도 최고의 서비스를 주고 받는다. 우리는 서로를 존중하고 배려하는 정신으로 서로를 공손하게 대하고 언제라도 도우며 상대의 말을 귀담아 듣는다"라고 명시되어 있다.

이 음식점에서는 서비스를 가능하게 하는 필요한 체제와 일관성, 서비스 교육훈련, 서비스의 주기적인 측정과 평가 등이 중요하였다. 한 걸음 더 나아가 서비스하는 일, 고객의 이름을 기억하는 일, 고객에게 고마움을 표시하는 일 등 사소해 보이는 일들이 실은 모두 탁월한 서비스의 한 부분이었다.

1년 안에 90%가 문을 닫는 것이 보통인 식당 업종에서 수십 년간 성공적인 경영을 해온 이 식당은 그 자체가 놀랍다. 이는 이 식당의 임직원들이 탁월한 가치를 고객들에게 끊임없이 제공하기 위해 끊임없이 각성하였기 때문이었다.

장사꾼으로 얻은 교훈은 돈이 아니라 신용

1960년 교토에서 10대의 차로 창업한 MK택시는 도쿄, 고베, 나고야 등 각지에 약 1,700대 이상의 택시를 운영한다. MK의 VIP명단에는 각국의 황족들, 클린턴 대통령, 고르바초프, 메르세데스 벤츠 사장, 브룩실즈 등 유명인이 있었다. 천황과 국무대신 등도 MK를 이용했다. 이 회사에서 'MK인사하기 운동', '장애인 우선승차', '구급택시', '영어회화 운전기사', 'GPS 무선자동배차시스템', '메신저 서비스', '할인회수권발매', '대행운전서비스', '기모노 할인' 등 독특한 서비스가 돋보였다.

필자는 교토를 여러 번 방문한 바 있으며 유봉식의 저서와 여러 자료들을 통하여 MK택시의 탁월한 가치를 확인하였다. MK택시의 창업자인 유봉식은 1928생으로 1943년에 교토에 도착하여 비닐가공공장에서 보조일꾼으로 일하는 등 고생을 하였는데 1949년 리스메이깡 법학부에 합격하여 대학을 다녔다. 그는 대학을 자퇴하고 직기제작소에 사무원으로 취직하기도 하는 등 우역곡절을 겪은 후 도산한 니가이 석유를 인수하였다.

유봉식이 장사꾼으로 얻은 교훈은 돈이 아니라 신용이었다. 장사꾼의 목숨은 신용이라는 것이다. 그는 잠자는 시간외에는 모든 시간을 일에 매달렸다. 종업원과 같이 배달하였고 자정이 넘어도 주문에 즉시 응하였다. 그는 '니가이 석유는 24시간 배달, 연중무휴영업을 한다'는 광고문을 내걸었다.

그래, 서비스를 파는거야!

그는 종업원들에게도 니가이 석유배달에는 '잠시 후에' 또는 '내일'이라는 말은 없다고 교육시켰다. 심야에 낯선 중년신사가 석유를 5갤런 사러 왔다. 2킬로 떨어진 곳까지 자전거로 배달했는데 그 신사는 교토물산의 고이케 사장이었다. 그는 교토물산에서 사용하는 모든 기름을 니가이 석유에서 구매하겠다고 약속했다. "그래, 서비스를 파는거야!" 유봉식은 그 생각을 당장 행동으로 옮겼다. 그는 하찮은 장사에서 살아남는 길은 고객에게 감사하는 마음으로 봉사를 하는 것이며 그가 파는 것은 휘발유가 아니라 서비스라는 것을 깨달았던 것이다.

유봉식은 그날로 전 종업원을 불러 니가이 석유의 서비스 제일주의를 선포했다. 아주 세부적인 행동까지 시범을 보이면서 가르쳤다. 쏜살같이 달려나가 손님을 맞고, 재빠르게 자동차 문을 열고 45도 굽혀 정중하게 절을 하였다. "어서 오십시오. 저희 가게에 왕림해주셔서 정말 감사합니다. 얼마나 넣어드릴까요?" 다 넣고는 한발 뒤로 물러서 "감사합니다. 또 오십시오"라고 인사했다.

90일간의 밀봉교육

유봉식과 직원들은 일을 하러 나갈 때도 작업복 뒷주머니에 걸레를 넣고 다녔다. "니가이 석유에서 차를 닦아드리는 서비스를 하러 왔습니다"고 하며 일대에 있는 자동차를 깨끗이 닦아주었다. 교육의 효과는 당장 나타났다. 서비스가 좋고 종업원의 매너가 마음에 든다며 같은 값이면 니가이 석유를 이용하겠다는 손님이 늘어나기 시작하였던 것이다.

서비스에 대한 교육이 본격적으로 시작되었다. 신입직원이 입사하면 정식직원이 되기 전까지 90일간의 밀봉교육을 받았다. 아침6시 기상하여, 화장실 청소를 하고, 1시간의 공부, 아침식사, 8시 반부터 5시 반까지 정상근무를 하였다. 그리고 퇴근해서 식사를 하고, 공부를 한 후 일보를 제출하고 목욕과 취침으로 이어지는 생활을 되풀이 하게 하였다. 이러한 과정에 적응하지 못하면 해고되었다.

시민을 기업 편으로

유봉식은 "받고 싶으면 먼저 주어라"라고 말했다. 얼마 지나 그는 MK택시회사를 차렸다. 그는 운전사들에게 매일 정신교육을 시켰다. 그래도 운전사들의 결근, 지각, 조퇴는 계속되었다. 유봉식은 결근한 운전사 집들을 방문했다. 운전사들이 단칸방에 쉬지 못하니 몸은 무겁고 머리는 아프고 악순환은 계속되었다. MK택시는 직원들을 위한 사택을 건설하였고 택시업계 최초로 퇴직금제도를 도입하였다.

유봉식은 전 직원과 직원부인회에서 시민들의 의견을 묻는 활동을 전개하였다. "MK택시를 타서 제대로 인사를 받았느냐? 친절했느냐? 깨끗했느냐?" 등의 앙케이트 조사였다. 그는 시민들의 의견을 무조건 수용했다. 그는 시민을 기업의 편으로 만들면 결코 망하지 않는다고 생각했다.

MK택시는 운전기사 전 직원을 적십자 구급원 자격을 따도록 했는데 1년 만에 성취했다. 교토에서 응급처치를 받을 수 있는 택시는 MK택시라는 이미지를 심었다. 그러자 단골손님이 계속 늘어갔다. 유봉식은 고객에게 더 서비스하기 위해서는 요금인하가 필요하다고 생각했다. 그런데 택시요금은 관청의 허가사항이었다.

유봉식은 1983년 요금인하신청을 하였는데 기각되어 정부를 상대로 행정소송을 제기했다. 결국 소송에서 승소하여 요금인하를 실시했다. 유봉식은 "자가용을 이용하지 않아도 좋은 버스, 좋은 택시를 타도록 만들면 교통문제는 해결된다"고 생각했다.

철저한 고객서비스와 사원교육

MK그룹의 경영방침은 철저한 고객서비스와 사원교육에 있었다. 유봉식은 현장주의자였다. 그는 "경영자는 늘 현장에 있어야만 문제가 무엇인지 안다. 내가 자가용을 사지 않고 택시를 타는 이유가 거기에 있다"라고 말했다. MK택시는 유봉식 회장을 비롯해 모든 관리직원이 운전사 결원 시에 직접 택시를 몰고 손님을 모셨다.

MK의 사원들은 최고의 자산이 되었고 끊임없는 교육으로 무장되어 있었다. MK는 첫째도 둘째도 셋째도 서비스를 최고로 여겼다. 무수한 훈련과 교육을 통해서만이 가능한 것이 서비스였다. MK택시 직원들의 정신력과 실력이 높아지자 시민들에게 큰 신뢰가 생겨났다. 그러자 새로운 수입의 가능성이 더 나타났다.

사회에 봉사할 때 진정한 전문가

MK택시는 택시 내에 상품 카달록을 준비하여 손님의 주문을 받으면 소개비를 받으며 그 중 60%는 운전사, 40%는 회사가 갖게 했다. 일종의 무점포, 무재고, 무비용 판매였다. MK택시의 높은 신뢰도와 직원들의 능력을 바탕으로 새로운 수입이 생기게 된 것이다. MK택시의 봉급은 상당히 많은데, 상품 카달록을 통한 판매 수입은 종종 운전사들에게 월급보다 더 많은 수입을 얻게 해주었다.

유봉식은 "전문가란 경제적으로 뿐만 아니라 자기 삶의 주인으로서 사회봉사할 때 진정한 전문가라고 할 수 있다"라고 말했다. 그는 진정한 전문가란 교육을 통한 지식의 습득과 인격도야에 의해 이루어진다고 생각했다. MK택시에 입사하면 퇴사 시까지 철저한 교육에 반드시 참가해야 하였다.

택시의 공공성을 실천

MK택시는 장애인 우선승차를 일본 최초로 선언하여 실시하였다. 택시의 공공성을 실천하는 것이었다. 이러한 사실이 전국적으로 알려졌다. 이 회사의 심야 서비스는 출산이나 심야 근무자들을 위한 심야 서비스였다. 모든 기사가 적십자 구호원 자격을 취득하여 응급상황에 제대로 대처하였다.

이 회사는 특수학교 스쿨버스를 20년이 넘게 운행하였다. MK택시는 기모노를 입고 승차하면 1%를 할인해주었다. 전통의상을 입은 사람의 이동을 쉽게 하여 기모노 진흥을 위한 것이다.

유회장은 "1. 운전기사의 사회적 지위를 높이고 2. 고객이 편안하게 택시를 이용하는 환경을 만들며 3. 운전기사의 행동에 경영자로서 책임을 진다"는 3가지 사항을 유념하고 있었다. 유봉식은 "항상 초심을 간직하는 기사를 육성하는 것이 기본이다"라고 말했다.

운전기사는 직장인이 아니라 비즈니스맨

유봉식은 "MK택시의 운전기사는 직장인이 아니라 비즈니스맨이다"라고 말했다. 이는 운전기사가 단지 직장인으로서가 아니라 사회적 책임을 져야 한다는 것이다. MK택시의 전원업무회의는 모든 운전기사와 사원이 참가하는 의사소통을 위한 집회이고 공부 모임이자 정보교환 모임이었다. 반드시 간부가 출석해 출석한 사람들과 직접적인 커뮤니케이션을 하였다. 시간은 오후 5시30분부터 7시30분까지 두 시간이었다. 전원업무회의는 공부 모임과 경영자의 업무보고 두 가지로 진행되었다.

유봉식 회장은 수십 년간 아침 6시 반에 출근하였다. 7시 반이 되면 무선센터에서 근무 중인 운전기사들에게 인사와 당부를 전했다. 인간의 기본적인 상식이자 도덕인 인사를 제대로 실행하는 데 약 10년이 걸렸다고 한다. MK에서는 네 가지 인사를 기본으로 하며 유봉식은 아침, 오후, 저녁 세 번씩 꼭 이것을 실천하도록 호소하였다.

40여 년간 반복해 온 교육

그는 아침, 점심, 저녁마다 40여 년간 거의 하루도 빠뜨리지 않고 기사들에게 마이크로 교육하며 호소해 왔다. 교토에는 사원이 1600여 명 있는데 그 중 300명이 시험을 거쳐 실력이 인정되어 영어 관광안내를 할 수 있었다. 영어회화 서비스를 제공하면 별도로 요금을 받았다. MK택시는 연간 5명씩 영국에 유학을 보냈다.

유봉식은 "경영자는 공부를 해야 한다는 것을 알게 되었다"라고 말했다. 고임금, 고능률 체제가 MK의 특징이었다. 유봉식은 생각하는 것 자체가 중요하다고 확신하였다. 생각을 거듭해야 아이디어가 떠오른다는 것이다. MK는 '교육이 전부'라고 생각하였다. 이 교육에 참가해야만 핸들을 쥘 수 있었다. 일 년에 한 번은 반나절 교육을, 한 번은 하루 종일 교육을, 한 번은 하룻밤을 지새우며 교육을 했다. 유봉식은 그것을 40여 년간 반복해 왔다. 개혁은 운동과 마찬가지로 계속해서 해야만 성공한다는 것을 MK택시는 증명했다. 계속해서 가치를 창출하는 것은 강한 정신력에서 비롯되는 것이다.

chapter 04

마케팅의 즐거움

탁월한 마케팅의 원리

chapter 04

마케팅의 즐거움

어린아이와 같은 열정과 호기심

발명가인 제이콥 래비노는 "호기심이 있으면 당연히 아이디어를 끌어내야 한다. 나 같은 사람은 그게 즐겁다. 아이디어를 떠올린다는 게 얼마나 재미있는가. 다른 사람이 알아주지 않아도 나는 개의치 않는다"고 했다.

라이너스 폴링은 아홉 살 때 아버지가 돌아가시면서 많은 고생을 겪었다. 대학 진학은 꿈도 꿀 수 없는 형편이었다. 그는 계속해서 연구에 매진한 결과 1954년에는 노벨 화학상을, 1962년에는 노벨 평화상을 수상하였다. 대단한 점은 그는 아흔 살의 고령에도 어린아이와 같은 열정과 호기심을 간직하고 있었다는 점이다. 누구보다도 삶의 기쁨을 제대로 체득한 사람이었다. "그저 하고 싶은 생각이 드는 일만 해왔을 따름"이라고 그는 말했다.

부로 생기는 효용은 재화의 양에 반비례

자신의 재산의 축적에 인생의 즐거움을 두고자 하는 사람은 합리적이 아니다. '부의 증가로 생기는 효용은 이미 소유하고 있는 재화의 양에 반비례한다'고 베르누이는 말했다. 베르누이는 그 선택을 행하는 인간의 동기를 정의내린 것이다. 그는 가치를 창출하는 능력이 유형의 재산보다 더 가치 있는 것이라고 말했다. 자신의 재산에서 행복을 이끌어내고자 하는 것은 허무하다는 것이다. 재산 그 자체보다는 가치 있는 것을 창출하는 것이 훨씬 더 인간에게 행복을 주는 것이다.

장래성 없는 사람은 자신의 직업도 장래성 없는 직업으로 보게 된다. 조사에 의하면, 파업에 참가한 관제사들을 대상으로 설문한 결과 스트레스가 많은 관제사일수록 자기 일을 좋아하지 않는다는 것이었다. 인간은 하기 싫은 일, 의미 없는 일에 매달릴 때 극심한 정신적 소모 후에 오는 탈진상태를 경험하게 된다고 한다.

가치 있는 일을 위하여 희생하는 일

더 가치 있는 일을 위하여 자신의 많은 것을 희생하는 일이 있어야만 성공할 수 있는 것이다. 고교 미식축구 선수 중 프로팀 입단 대상에 드는 선수는 12,000명 중 한 명 꼴밖에 안 된다고 한다. 그 치열한 경쟁에서 생존한 선수는 엄청난 연습이라는 희생을 통해서 즐거움을 얻게 되는 것이다. 미국의 백만장자 중에 자기 사업을 통해 부자가 된 사람이 81%가 된다. 이들 백만장자들은 공통적으로 일주일에 보통 70-100시간을 일하였다고 한다. 가치를 창출하는 것은 힘에 겨운 일이 될 수 있으나 그 과정에서 얻는 보람과 열매는 달다.

일본의 혼다 소이치로는 "회사에 일하러 나왔다면 자신을 위해 일하라."고 말했다. 그는 독창성이 뛰어난 일본 제일의 경영자 중의 한 사람이었다. 사업은 단지 매출금이나 수익비율에 관한 것이 아니라는 사실이다. 사업가는 자신이 누구인가에 따라 규정되는 것이지 수입에 따라 결정되는 것이 아니다. 사업가로서 틀에 박힌 근무 시간에서 벗어나 가치를 창출하는 삶, 자유로운 열정적인 삶을 사는 것이 중요한 것이다.

마케팅은 결국 마인드에서 시작

마케팅은 결국 마인드에서 시작하는 것이다. 마케팅에서 기쁨을 느끼지 못한다면 그는 탁월한 마케팅을 할 수 없을 것이다. 문제는 탁월한 정신을 가지고 있느냐이다. 변화에 대한 욕구는 매슬로우의 최상의 욕구단계 즉 자아실현의 욕구를 말한다. 이는 가치 있는 무엇인가를 창출하려는 욕구이다. 빌게이츠는 더 많은 돈을 벌기 위해 하루 12시간 일하지는 않았다.

마케팅의 즐거움을 통해 관계를 맺게 된 행복한 고객은 한마디로 살아있는 광고다. 고객이 한 업체를 선택하는 기준에서 첫째, 서비스, 둘째, 평판, 셋째 접근의 용이성, 넷째, 가격이라는 순위로 되어 있다는 것이다. 가장 중요한 요소인 첫째와 둘째는 모두 비즈니스맨의 태도와 정신자세와 관련이 있는 것이다.

즐겁게 일하는 사람들이 효율적

심리학자 윌리엄 제임스는 "인간 본성의 가장 밑바닥에 있는 원리는 진가를 인정받고자 하는 갈망이다"고 말했다. 즐겁게 일하는 사람들이야말로 효율적이고 성공적인 조직의 가장 중요한 특성이다. 그에 더해 유머는 삶을 덜 심각하게 만들어주는 것이다. 심리 행동과학 교수였던 노만 커즌은 "웃음은 자연의 치유력이다"라고 말했다.

재미있다는 것은 즐거움과 동기유발에 중요하다. 마크 트웨인은 "성공의 비결은 당신의 직업을 당신의 휴가로 바꾸는 것이다. 사랑하는 일을 선택하라. 그러면 살면서 일해야만 하는 날은 하루도 없을 것이다"라고 말했다. 마케팅은 단지 돈을 벌기 위해서라기보다 삶의 즐거운 한 부분이 될 수 있다.

사람들은 자신이 하는 일을 즐기면서 할 때 행복감에 젖게 된다. 심리학자 매슬로는 욕구 5단계를 주장하였고 '자아실현'의 욕구가 가장 높은 욕구임을 주장했다. 성공한 경영인들의 공통점은 누구나 열정을 지니고 있다는 것이다. 마케팅 활동에서 의미를 발견하고 성취하는 과정에서 즐거움을 느낀다는 것은 매우 중요하다.

행복은 바로 의미 있는 일에 달려

인텔 회장이었던 앤드류 그로브는 "편집증 환자만이 살아 남는다"라고 말했다. 그는 시장에서 자신의 가치를 성취하기 위하여 높은 집중력을 발휘하였는데 그것이 성공의 큰 요인이 되었다. 정신의학자 빅토르 프랭클은 "행복은 자아보다 위대하고 강력한 목표를 향해 열심히 일하다가 의도하지 않았던 결과로써 나타난다"고 말했다. 이는 가치 있는 무엇엔가 집중할 때 결과적으로 행복을 경험하게 된다는 것이다. 의미를 추구하는 것, 탁월한 능력을 발휘하고자 하는 열망은 강력한 동기를 부여한다는 사실이다.

아인슈타인은 "일은 인생의 재료를 제공하는 유일한 원천"이라고 말했다. 이는 인간의 행복은 바로 의미 있는 일에 달려 있다는 것을 말한다. 중세의 종교개혁가 마르틴 루터는 "힘들고 단조로운 일을 하면 할수록 천국으로 들어갈 가능성이 높아진나"라고 말했디. 루터는 인간이 노동의 신성함을 깨달아야 한다고 강조했던 것이다.

일을 '작업'이 아니라 '즐거움'으로

마케팅은 매우 중요한 일이면서 매우 힘든 일이 될 수 있다. 마케팅에 종사하는 비즈니스맨들이 자주 이직하는 것은 그 일이 힘들다는 증거이다. 자신이 맡고 있는 일을 '작업'으로가 아니라 '즐거움'으로 여기는 사람은 성공가능성이 매우 높은 사람이다. 그는 일을 작업이 아니라 오락이나 심지어 쾌락으로 받아들이기 때문에 스트레스가 극히 적어진다는 사실이다.

미국의 경우 32세인 사람은 평균 9가지 직업을 경험한다고 한다. 경영학자 피터 드러커는 "첫 번째 선택으로 딱 맞는 일을 찾을 가능성은 백만분의 일 정도이다"라고 말했다. 인간이 자기의 적성에 맞고 만족하는 일을 발견하기는 매우 어렵다는 것이다. 심리학자 미하이 칙센트미하이는 "행복이란 인식하지 않는 상태 즉 몰입상태"라고 말한다. 일에 몰두하여 있을 때 인간은 잡념과 걱정이 없어지고 생의 희열을 느끼기 때문이다.

사람을 모욕하는 데 두 가지 방법

영국의 법학자로 공리주의를 주장한 제레미 벤담은 "사람을 모욕하는 데 두 가지 방법이 있다. 하나는 고통을 주는 것이고, 다른 하나는 일의 즐거움을 빼앗는 것이다"라고 말했다. 일은 우리 행복에 중요하다. 문제는 일에 의미가 있느냐이다. 의미와 가치는 일에 활력을 불어놓는 요소이다.

빌 게이츠는 "발전의 가장 큰 장애물은 성공이다"라고 말했다. 이는 성공에 집착하는 것이 스트레스를 가중시켜 인간을 황폐시키고 발전의 장애가 된다는 것이다. 성공에 집착하는 것은 많은 문제들을 발생시킨다. 일은 삶에서 중요한 부분이며 그 사람의 존재를 드러내는 수단이다. 일을 훌륭한 도전의 기회로 받아들이는 것이 중요하다. 요컨대 마케팅을 작업으로가 아니라 가치를 창출하는 도전과 게임으로 받아들여야 한다는 것이다.

너무 높은 목표는 지혜롭지 못하다

그러므로 마케팅 활동을 게임으로 생각하면 실패에 대한 두려움을 상당히 제거할 수 있다. 게임에서 성과가 없더라도 자존심에 상처를 받지 않고 굳건하게 나아갈 수 있게 된다. 또한 마케팅에 몰두하는 과정에서 오는 일중독의 폐해를 막을 수 있다. 일중독은 결국 감성적 공허함을 초래하는 단점이 있다. 비즈니스맨은 마케팅 자체를 위해서가 아니라 가치 창출을 위하여 노력하는 것이다.

완벽주의는 일에서 향상 열정을 가로막는 장애물이다. 자신의 가치를 판단하는 척도가 '성공'이라고 생각하는 사람은 근심과 스트레스를 피할 수 없다. 남아프리카 대통령이었던 넬슨 만델라는 "우리가 가장 두려워하는 것은 우리 자신이 측정할 수 없을 만큼 위대한 존재라는 사실이다"라고 말했다. 이는 우리의 위대한 능력을 온전히 발휘하기 어렵다는 의미였다. 너무 완벽하거나 너무 높은 목표를 추구하는 것은 지혜롭지 못하다. 마케팅은 게임이며 우리가 즐겨야 하는 것이다. 게임에서 완벽한 것을 추구하는 것은 즐거움을 방해하는 장애가 된다.

마케팅을 게임으로 생각

일을 사랑하려면 무엇보다 두려운 요소가 없어야 한다. 마케팅을 게임으로 생각하는 것이 그 요체이다. 기대치가 현실적이면 열정은 살아있을 수 있지만, 비현실적인 기대치는 열정을 죽인다. 마음의 평정을 이룬 사람일수록 성공 가능성이 높아진다. 그러기에 마케팅에서 목표를 너무 높게 잡는 일은 장기적인 관점에서 매우 해롭다. 일중독, 초과근무, 완벽주의, 실적 등에 대한 걱정 등의 종착역은 심신의 고갈인 것이다.

미국에서의 연구조사에서, "충분한 돈이 있다면 은퇴를 할 것인가?"를 사람들에게 물었을 때 약 80% 정도의 미국인은 은퇴하지 않을 것이라고 답하였다. 인간이 일에 몰두하는 것은 돈에 이끌려서 하는 것은 아니라는 사실이다. 창의적인 사람들의 가장 중요한 요소는 일이 제공하는 집중력의 깊이이다. 이는 일에서 큰 기쁨을 발견하는 요소이기 때문이다.

자신의 가치와 일의 가치

산업 활동에서 서비스는 단순노동이 아니라 심리적, 인격적인 산물이다. 기업에서 서비스 품질을 결정짓는 것은 서비스 종사자이다. 종업원이 자기 자신에 대하여 그리고 일에 대하여 어떻게 생각하고 있는지는 거래 과정에 반드시 나타난다. 자신의 가치와 일의 가치에 대하여 긍지를 가진 직원들은 고객을 대할 때 품위 있는 서비스로 나타나게 된다는 것이다.

많은 기업이 쇠퇴를 겪는 것은 고객을 돌보는 태도가 제대로 되어 있지 않기 때문이다. 이는 직원들이 일의 의미와 가치를 충분히 깨닫지 못하였기에 나타나는 현상이다. 기업에서 문제가 생기는 것은 대부분 품질지향보다 돈을 지향하는 사고방식이 원인이다.

고객에 대하여 책임을 진다는 의식

노드스트롬 사장 짐 노드스트롬은 "고객과 개인적인, 장기적인 관계를 맺도록 권하고 있다"고 말했다. SAS의 사장 얀 칼존은 "새롭게 변신한 SAS가 고려하는 단 한 가지는 고객만족이다"라고 말했다. 이들 뛰어난 마케팅 기업들의 경영자들의 견해는 매우 중요하다. 이들의 목표는 단순히 매출이나 이익에 있지 않았다는 것이다. 이들은 고객을 위한 가치 창출에 진력하는 것이 중요함을 인식하고 있었다.

시장에서 고객에 대하여 책임을 진다는 의식이 매우 중요하다. 관리직은 그러한 책임의식에서 중요한 영향을 미친다. 관리직은 제일선 사람들에게 지시하기 위해서가 아니라 지원하기 위해 있는 것이다. 이를 거꾸로 하여 관리직이 제일선 직원들에게 위세를 부리거나 지원을 하지 못한다면 탁월한 마케팅은 나올 수 없다.

경영자의 강력한 리더십이 필요

나폴레옹은 "병사들을 조직화하고자 하는 힘이 어떠한 것이든 대단히 무력하다는 것이다"라고 말했다. 뛰어난 조직자였던 나폴레옹도 부하들을 제대로 통솔하는 것이 매우 어렵다는 것을 인정했다. 경영자는 현장에서 제대로 된 서비스가 실행되도록 할 책임을 져야 한다. 이를 철저히 하려면 경영자의 강력한 리더십이 필요하다.

매우 유능한 장군이었던 나폴레옹은 성공이 거듭되자 자만심과 타성이 증가하게 되었다. 마케팅에서 지속적인 가치 창출은 절대적인 과제이다. 나폴레옹은 성공이 거듭되고 최종 목적지인 황제의 지위에 오르자 가치 창출에 서서히 힘을 잃어갔다. 빌 게이츠는 "성공은 실패하지 않는다는 착각을 심어준다. 성공에 자만하는 사람의 미래는 위험하다."라고 말했다. 나폴레옹의 사례가 아니더라도 모든 인간은 자신의 성공에 자만하고 위험에 처할 수 있는 것이다.

서비스란 경영 그 자체인 것

조직에서 중간관리자의 타성은 문제이다. 서비스를 지향하는 기업에서는 고객이 가장 위에 있다. 고객 만족에 실패하는 주원인은 경영자에게 있다는 사실이다. 경영자가 제대로 된 서비스 마인드를 갖추고 있는 조직은 다르다. 경영자의 마인드는 전체 임직원들의 책임 의식에 직접적 영향을 미친다는 사실이다.

경영자는 서비스에 대해 되풀이하여 이야기할 필요가 있다. 가장 좋은 방법은 경영자 자신의 행동이며 솔선수범하는 것이다. 서비스에서의 성공비결은 계속하는 것 즉 지속적인 서비스에 있다. 서비스란 경영 그 자체인 것이다.

가장 중요한 것은 바로 우수한 인력

기업에서 가장 중요한 것은 바로 우수한 인력이다. 사우스웨스트 항공사는 전략이나 첨단 기술보다 직원들의 경쟁력을 높이는 방법을 통하여 성공하였다. 이 회사는 훌륭한 고객서비스를 제공함으로써 여러 번 항공사의 삼관왕정시운항, 최저 수하물 분실, 최소 승객 불평이 되었다.

SAS인스티튜트는 비상장 소프트웨어 업체로는 세계 최대 규모를 자랑하는 회사이다. 이 회사는 이직률이 4%를 넘지 않았다. 1976년 창업 당시 이 회사는 창업 첫해부터 흑자를 기록했다. 이 회사는 다국적 기업으로 국내에 40개, 68개의 해외 지사를 운영하며 뛰어난 마케팅 능력을 자랑하였다. 이 회사의 성공 요인의 하나는 직원들을 끊임없이 교육하고 총매출의 30% 이상을 연구개발에 투자하고 있다는 점이다. 이 회사의 고객지원 서비스는 고객만족의 핵심적인 요소였다.

기업은 다음의 3가지 측면에서 지속적인 경쟁우위를 확보해야 한다. 첫째, 경쟁사와 차별화할 수 있는 요인을 갖는 것. 둘째, 경제적 이윤을 제공할 수 있는 요인을 갖는 것. 셋째, 쉽게 모방할 수 없는 요인을 갖는 것이다. 이러한 지속적인 경쟁우위의 바탕에는 직원들이 정신력과 실력을 제대로 갖추어야 한다. 그러기 위해 교육은 매우 중요하다.

지적인 헌신을 매우 중시

마쓰시타 고노스케는 이렇게 말했다. "우리는 승리할 것이고 당신들을 패배할 것이다. 당신네 회사들은 테일러의 원칙에 기초를 두고 있다. 더욱 나쁜 것은 사장이나 회장이 테일러 신봉자라는 점이다. 우리는 테일러의 단계를 넘어섰다. 우리들은 회사에 대한 전체 근로자들의 지적인 헌신을 유도하는 것이 경영이라고 생각한다. 운명을 같이 하는 모든 종업원들의 지식이 합쳐져야 새로운 환경에 필요한 것들을 얻을 수 있다. 우리는 승리할 것이고 당신네들은 패배할 것이다. 나는 이것을 확신한다. 왜냐하면 당신네는 우리가 한 번도 채택한 적이 없는 진부한 테일러주의를 버릴 수 없기 때문이다."

마쓰시타는 임직원들의 지적인 헌신을 매우 중시하였다. 테일러주의는 효율을 최고의 가치로 여겼는데 이는 가치 창출의 한 부면에 불과한 것이었다. 마쓰시타에게 지적인 헌신은 품질만이 아니라 고객을 위한 진실하고 깊이 있는 헌신을 추구하는 것이었다. 바로 그것이 마케팅에서 승리하는 길이고 즐거움을 얻을 수 있는 비결이었다.

chapter 05

식의약 기업들의 탁월한 가치

탁월한 마케팅의 원리

chapter 05

식의약 기업들의 탁월한 가치

톰스 오브 메인의 탁월한 가치

선을 행함으로 잘 살게 된다는 진리

톰 채플은 미국 트리니티 대학에서 영어 전공, 하버드 신학대학원에서 신학 석사학위을 취득하였다. 그는 아내와 함께 톰스 오브 메인을 설립하여 천연치약 등 자연친화적 제품만을 생산하면서 이윤과 공동선을 조화시키는 경영을 해오고 있다. 톰 채플은 자신의 경영 경험을 저서를 통해 밝혀주었다.

채플은 하버드 신학대학원에서 4년 동안 공부하면서 환경을 존중하고 가치를 두는 것이 기업의 이윤 추구에 방해가 되지 않는다는 것을 깨달았다. 그는 "선을 행함으로 잘 살게 된다"는 진리를 배웠다. 채플은 톰스 오브 메인사의 사장이며 1970년에 설립했다. 그는 순수 천연원료만으로 만든 치약을 개발, 시판하는 데 성공했다.

균형 있게 조화된 삶

채플은 대학에서 영문학을 전공하였다. 그는 수치에 밝은 경영자문가들의 틀렸고 그의 생각이 옳다는 것을 확인했다. 그의 회사는 미국에서 톰스 오브 메인 브랜드로 800만 명의 소비자를 끌어들이는 데 성공했다. 그는 훌륭한 삶이란 정신적인 것과 실질적인 것이 균형 있게 조화된 삶을 뜻한다는 것을 깨달았다. 그의 메시지는 간단하다. 믿음이 전략을 이끌어간다는 것이다. 채플은 기업 활동에서 중도를 지키는 것이 종업원과 지역사회에도 이익이 된다는 것을 보여주고 싶었다. 그에게 있어 사회에 기여하고 기부하는 것은 결국에는 기업에도 이익이 되는 것이었다.

채플은 인공감미료를 첨가하지 않는다는 입장을 확고히 하였다. 회사가 설립되고 10년이 지난 1981년 매출은 150만 불에 이르렀고 1981년부터 1985년까지 회사의 매출은 연간25%씩 성장하였다. 그의 회사는 최초로 액체로 된 무공해 세척제와 천연원료로 만든 치약을 개발했다. 수치에만 초점을 맞춘 시장 접근방식은 그의 가치관과 상충되었다. 채플은 고객의 인간적인 존엄성을 중시했고 그것이 그의 사업의 핵심전략이었다.

천연원료를 쓴다는 원칙을 고집

채플은 고객이 상품에 대해 두 가지 관심을 갖는다는 것을 알았다. 하나는 상품 성분이 무엇이냐는 것이고, 다른 하나는 과연 그것이 자신에게 이로운가 하는 점이다. 그는 천연원료를 쓴다는 원칙을 그대로 고집했다. 베이킹 소다 치약은 완전무결한 제품이며 톰스 오브 메인의 전통을 잇는 것이기도 했다. 그의 회사의 소다 치약은 3년이 지났을 때 전체 치약시장의 20%를 차지했다.

채플은 "가치는 기업이 경영전략을 수행하는 데 지대한 영향을 미친다"는 하버드 대학의 바다라코 교수와 클레어몬트 대학의 엘스워드 교수의 주장을 수용하였다. 그의 회사는 직원 80여 명의 회사로 자랐다. 1992년에 미국의 불황에도 그의 회사는 매출 31%, 이익 40%의 신장을 이루었다. 그는 제품에서 불량방취제를 수거하는데 40만 불의 손해를 감수하였다.

선이 비즈니스의 기본 원칙

채플은 "직장에서 최고의 능력을 발휘해 줄 것을 요구하며 그것에 가치를 두고 그것을 위해 최선을 다한다."라는 문안을 사명 선언서에 추가했다. 가치관 정립이 중요하다는 인식은 그 자신의 정체성과 경쟁력을 강화하는 데 커다란 도움을 주었다.

그의 회사는 천연원료로 만들어진 23종류의 상품을 팔아왔다. 경제적인 보상은 선행을 하면 뒤따르게 마련이었다. 결국 브랜드의 명성은 고객과의 관계에서 비롯된다는 것이다. 제품의 좋고 나쁨도 중요하지만 제조회사의 자질에 소비자는 큰 관심을 보였다는 사실이다. 선이 채플 회사의 기본 원칙이 되었다.

그의 회사의 천연원료 치약은 시판 첫날부터 대성공이었고 최대의 히트 상품이 되었다. 1978년 채플은 새로운 브랜드로 불화물 치약을 만들기로 결정했다. 불화물 치약은 2년이 안 되어 기존 치약의 판매를 앞지르기 시작했다.

헌신하는 사업가가 되고 싶다

회사의 연간 매출액은 2,000만불에 달하였다. 가치 기준을 가지고 하는 경영을 채플은 '중도'라고 불렀다. 그는 최선의 공격이자 방어는 이윤을 남기면서도 공동선을 추구하는 경영이라고 결론을 내렸다. 중도란 서로 상충되는 목적들을 동시에 추구하는 과정이다. 이는 양자택일의 논리가 아니라 두 가지를 통합한 하나의 길이었다.

스스로 실천하는 방법을 터득하고 날마다 개선을 거듭한다면 이익이 남는 회사로 성장할 수 있을 것임을 채플은 알았다. 회사의 치약 제품에 전문적 신뢰성을 확보하는 일은 중요하였다. 그는 전략보다도 공동선을 더 중요시하며 정직성을 높이 평가하였다. 선을 베풀 때도 항상 예산을 고려해야 한다는 것을 그는 알았다. 지난 3년 동안 그는 직원들을 위해 많은 교육을 해왔다. 그는 기업을 키워온 지 27년이 지났다. 채플은 "나는 이기적인 사업가로 시작했지만 이제는 다른 사람에게 헌신하는 사업가가 되고 싶다"고 말했다.

똑바로 제대로 하면 오래 갑니다

샘표식품의 회장 박승복은 1922년생으로 함경남도 함주에서 태어나 함흥공립상업학교를 졸업하고 한국식산은행(현 한국산업은행)에 입행했다. 25년간 은행원 생활을 하고 재무부 기획관리실장, 국무총리 정무비서관, 행정조정실장 등을 역임했다. 1976년부터 샘표식품을 경영해 왔던 박승복은 자신의 경험을 저서를 통해 알려 주었다.

박승복은 부친으로부터 회사를 이어받아 샘표가 무적자 기업으로 60년을 넘겼다는 것에 감사하고 있다. 최선을 다하는 자세가 그의 삶의 방식이었다. 그는 "사람도 기업도 똑바로 제대로 하면 오래 갑니다"라고 대답했다. 그의 아버지는 "신용을 최고로 중요시하라"고 가르쳤다.

샘표식품이 융자를 신청한 은행장은 이 회사를 찾아와 보고는 은행직원에게 "박승복이 담보야. 해달라는 대로 해줘!"라고 지시했고 융자는 이루어졌다. 박승복은 믿음과 신의로 행한 일은 반드시 신의로 보답하는 법이라고 생각했다.

원칙이 분명하면 융통성을 발휘할 수

1970년대 불량식품이 판을 치던 시절에 박승복은 동종업계 사람들을 공장으로 초청해 공장시설, 제조공정, 노하우 등을 공개하였다. 소비자들이 샘표공장을 돌아보게 하였다. 그 결과 샘표의 신뢰를 구축할 수 있었다. 박승복은 "원칙이 분명하면 융통성을 발휘할 수 있다"라고 말했다. 원칙이 분명하면 일관성 있게 판단할 수 있기 때문이라는 것이다.

샘표의 창동 부지는 직원들의 체육시설로 활용하고 있었는데 여기에 '비업무용 토지'라는 이유로 4천만 원이라는 세금이 부과되었다. 그는 업무용 토지하고 주장하였고 이의신청을 하였으며 조정위원회에서는 사실을 파악한 결과 '업무용 토지'로 판정하였다.

1976년에 총리실을 떠난 후 샘표 경영에 전념하던 박승복에게 경찰은 24시간 감시를 하였다. 결국 경찰은 그에게 찾아와 그의 '정직함'을 인정해주었다. 1985년 뉴스에 '무허가 간장제조업자들의 구속' 소식이 있었다. 샘표식품은 신문윤리위원회에 제소하여 기사 내용의 허위를 판명하게 하였고 박승복 자신이 TV광고에 직접 출연하여 '샘표 간장'을 홍보하였다. 결과는 대성공이었다. 광고가 나간 후 소비자단체, 어머니회 등에서 공장 견학 신청이 쇄도하였다. 박승복의 정직함에 대한 신념이 결과를 가져왔던 것이다.

연구개발에 많은 투자

샘표식품은 1946년에 창립되었다. 이 회사는 연구개발에 많은 투자를 했다. 연구실의 첫 작품은 천연양조 순곡간장이었다. 샘표식품은 장류업계 1위 자리를 지키고 있다. 샘표는 최초의 CM송을 만들어 광고를 했다. 친순한 리듬 덕분에 지금도 기억하는 사람들이 있다고 한다. 박승복이 샘표식품 경영을 맡은 것은 1976년이었다. 그는 처음부터 무리하게 사업확장을 하지 않는다는 원칙을 세웠다. 샘표식품은 맛 좋고 질 좋은 제품을 만들기 위해 공장의 기계화, 시스템화를 추구했다.

샘표식품은 간장, 된장, 고추장 등 장류, 소금, 식초, 물엿 등 조미식품, 국수, 차, 통조립 깻잎 등의 가공식품, 샐러드 드레싱, 스프 등의 먹을거리를 만드는 종합식품회사다. 주력 상품은 간장이며 매출의 70%를 차지하였다. 이 회사는 한 우물을 파되 넓고 깊게 파는 정책을 추구한다. 간장 종류만 약20여 종에 이르렀다.

최고가 아니라 최선의 가치에 의미를

박승복에게 "시작의 마음"은 매우 중요하였다. 그는 "내 가족이 먹지 않는 것은 만들지도 팔지도 않겠다"는 아버지의 정신을 잊지 않았다. 샘표식품은 적자가 없는 기업이다. 사업규모를 늘리기보다 본업에 집중하는 기업, 외부차입금은 줄여 다이어트 경영을 하는 내실을 추구하였기 때문이다.

박승복은 최고가 아니라 최선의 가치에 의미를 두었다. 6.25 전쟁이 일어났을 때 샘표식품의 최고경영자였던 박승복의 아버지는 서울을 떠날 수밖에 없는 상황에 직면하자 가진 돈과 예금을 모두 직원들에게 골고루 나눠주며 살아서 다시 만날 날을 기약했다. 이 회사는 감원이나 구조조정으로 직원을 내보낸 적이 한 차례도 없었다.

돈보다 가치를 더 중요시

박승복은 직원이 일을 잘하게 하는 것이 바로 경영자의 능력이고 진실된 마음이라고 생각했다. 그는 양복과 넥타이, 구두 등을 최소

10년 이상 사용하여 왔다. 그의 아끼는 마음은 나누는 마음으로 이어졌다. 샘표식품에 노조가 만들어진 것은 1980년대 중반이었다. 60년 동안 노사갈등은 한 차례도 없었다고 한다.

샘표식품은 대화로 문제를 풀어 주변의 부러움을 샀다. 이 회사의 임금은 파격적이었다. 박승복은 "나는 이윤 추구 대신 명예를 더 중요시한다"라고 말했다. 박승복이 돈보다 가치를 더 중요시하였기에 성공적인 경영자로 존재할 수 있었다는 사실이다.

맥도널드의 탁월한 가치

품질, 서비스, 청결 타협하지 않았다

오늘날의 맥도널드사는 레이 크로크가 창업한 것이다. 저술가 존 러브는 맥도널드의 역사와 그 가치를 저서를 통해 밝혀주었다. 맥도널드사가 1965년에 주식을 공개한 이래 수익률이 평균 21%, 연간 매출고가 27%의 신장률을 보이고 있다. 상장할 때 2,250불이던 주식 100주가 20년이 지나서는 40만 불이 되었다. 개업 30년 동안 고용한 인원은 800만 명에 달하며 미국 전 노동력의 7%에 해당하였다.

창업자 크로크는 회사의 간부, 점주, 구입선을 잘 선정하고 단련시켰다. 크로크의 기업가 정신은 뛰어났다. 그는 엄격한 영업 기준을 준수하게 했으며, 좋은 성과를 올리면 후한 보상을 주었다. 그는 매우 능률적인 구입 시스템을 만들었고 본사, 가맹점, 구입선을 생산성 높은 체제로 운영되게 만들었다. 크로크는 품질, 서비스, 청결

세 가지 요소를 결코 타협하지 않았다.

맥도널드 프랜차이즈

맥도널드 형제는 1937년에 캘리포니아 파사데사에 드라이브인을 개설하였는데 지극히 간소한 점포였다. 여기에서 성공하자 형제는 햄버거 레스토랑을 개설하기로 계획했다. 햄버거 레스토랑은 스피드화를 지향하였는데 가격은 낮게 억제하고, 셀프 서비스로 전환하였고, 25종의 메뉴를 9종으로 줄였다. 조리장은 매우 청결하게 하여 티끌하나 없이 깨끗하였고 결국 고객들이 늘게 되었다. 형제는 주문이 오기 전에 조리를 시작하였고, 주문을 받으면 30초 이내에 응할 수 있도록 하였다. 셀프 서비스, 스피드 서비스를 기본으로 청결한 서비스는 호응을 받았다.

크로크는 1954년에 맥도널드 형제를 만났다. 레이 크로크1902-1984년는 우수한 세일즈맨이었다. 그는 고교를 2학년에 중퇴하였는데 피아니스트와 세일즈의 일을 반반으로 했다. 그는 주방용품 세일즈를 하면서 시장의 조류를 알고 있었다. 크로크는 전국적으로 맥도널드 프랜차이즈 독점권을 계약하였는데, 매상고의 1.9%를 징수하되 그 중에서 0.5%포인트는 맥도널드 형제의 몫으로 하여 나머지 1.4%만 크로크의 몫이 되었다.

먼저 가맹점을 성공시키기 위해 지원

1954년 크로크는 52세의 나이에 맥도널드 사업을 시작했다. 크로크는 먼저 가맹점을 성공시키기 위해 충분한 지원을 해주어야 한다고 생각했다. 공정하고 균형잡힌 프랜차이즈 공동 경영이라는 철학은 크로크가 남긴 가장 큰 유산이었다. 그는 가맹점에게 값비싼 비품을 팔지도 않았고 프랜차이저의 강력한 구매력을 이용하여 저렴하게 재료를 구입하여 가맹점이 성공하도록 만들었다. 이는 크로크가 우수한 세일즈맨이었기에 가능했던 건전한 정신이었다.

크로크는 "정직하다는 것을 알면 다들 납득한다. 가맹점의 거의 전원이 나에게는 속임수가 없다는 것을 알았을 것이다."라고 말했다. 많은 가맹점들이 "맥도널드에 쏟아넣는 크로크의 정열에 감동했기 때문에 참여했다"라고 말했다. 크로크는 1주일에 70시간의 노동을 감수했다. 1961년까지 맥도널드에서 크로크는 1달러의 급료도 받지 못했다. 믹서기 사업에서 들어오는 수입이 그의 생활비였다.

사업가가 지켜야 할 것을 엄격히 준수

크로크는 의복, 외모, 몸가짐 등 사업가가 지켜야 할 것을 엄격히 준수하도록 요구했다. 여름에도 긴 소매 와이셔츠를 입어야 하였고 파이프 담배를 피우는 것, 수염을 기르는 것도 금지되었다. 1962년에 입사한 쿤은 "맥도널드에서는 학력이 아니라 인물 본위로 운영되었다."라고 증언했다.

'품질, 서비스, 청결' 원칙은 크로크가 결정하였는데 이는 맥도널드의 강점이 되었다. 크로크는 부하들의 능력을 잘 활용하였다. 크로크는 영업 부문에서 터너를 활용했다. 1961년까지 맥도널드에서 1불의 급여를 받지 않았던 크로크는 터너의 월급을 475불로 하였다. 크로크는 미국 최고의 자산가가 된 후에도 값싼 상품을 찾았고 낭비를 혐오하였다.

전 점포에 공통되는 경영방침, 상품 기준, 납품업자와 경영자 쌍방이 지켜야 하는 기준을 크로크는 결정하였고 이를 준수하고 있는지를 철저히 점검하였다. 크로크는 첫째, 상품의 질 향상, 둘째, 원료 납입업자와의 관계 개선, 셋째, 건물 및 설비의 향상, 넷째, 가맹점의 교육 및 현장 시찰원의 조직 등 네 가지에 집중하였다.

연구하고 개량하고 좋은 품질을 추구

맥도널드에서 프렌치 프라이는 주요 메뉴였다. 터너는 튀김남비의 온도를 쟀다. 그는 배달한 즉시 조리한 것보다 지하실에 오래 둔 것이 맛있게 튀겨진다는 것을 알게 되었다. 프렌치 프라이용 감자는 당분이 전분으로 바뀌기 위해서는 3주간을 저장해야 한다는 것을 알아냈다. 맛있는 프렌치 프라이를 만드는 데 필요한 감자의 고형체 함유량의 최저 기준을 21%로 정했다.

튀기는 방법에도 연구가 계속되었다. 프라이용 기름에 대해서도 연구하였다. 튀김남비와 얇게 자른 감자 속에 온도 감지기를 넣고, 조리 시간 중의 온도를 기록토록 하였다. 모든 맥도널드 점포에서 채택되고 항상 일정한 품질을 유지할 수 있게 되었다. 밀크 셰이크에 대해서도 마찬가지로 개량을 시도하였고 좋은 품질을 추구하였다.

미국 농무성은 햄버거의 지방 함유량을 33%까지 인정하고 있으나, 맥도널드은 17-20%까지로 억제하였다. 구입한 고기에 첨가물이 있는지 없는지를 테스트하는 포인트는 50항목이었으며 고기의 품질에 대해 맥도널드의 납품 검사는 엄격하기로 소문났다.

지금 즉시 돈벌이하려고 생각하지 말라

대량구입에 의해 원료나 재료 등은 염가로 구입할 수 있었다. 크로크는 "지금 즉시 돈벌이하려고 생각하지 말라. 장래 맥도널드가 1천 점포를 초과했을 때의 이득을 계산에 넣고 도매가격을 결정하자."라고 납품업자들을 설득했다. 맥도널드는 업자들과 교우 관계를 유지하였고, 납품업자들이 적정 이익을 보도록 배려하였다.

크로크가 생각한 것은 모든 점포의 경영을 통일, 규격화하기 위한 룰의 작성이었다. 그는 "여기에 요약되어 있는 것은 성공의 길이다. 모든 것에 관해 타협은 용납되지 않는다."라고 말했다. 청결함은 반드시 지켜져야 하였다. 현장 시찰원은 평가항목들에 대해 철저히 평가하여 점포의 청결도, 식품의 질, 조리 시간과 온도, 손님의 주문에 응하는 데 소요된 시간 등을 평가하였다. 이러한 평가를 토대로 점포의 증설, 계약 연장 등에 활용하였다. 1961년2월에 시카고에 햄버거 대학을 발족시켜 종업원의 훈련에 활용하기 시작하였다.

그 이상의 일을 하지 않으면 안 된다

크로크는 1984년에 죽을 때 6억 달러의 부호였다. 맥도널드의 수익은 프랜차이즈에서 매상의 1.9%가 수수료였고, 그 중 0.5%포인트는 맥도널드 형제의 몫이었다. 크로크는 다른 업자와 같이 거액의 프랜차이즈료를 받지 않았는데, 후에 인상하고서도 1천5백 불에 불과했다. 1961년 이후는 1만 불을 받았다. 맥도널드는 가맹점으로부터 서비스료로 매상의 3%를 받아 왔다. 맥도널드가 돈을 번 것은 부동산 투자와 관리와 재정 기술에 의한 것이었다.

맥도널드의 영업은 잘 되었다. 크로크는 금융기관의 융자를 통해 자금을 마련하였고 1961년 결국 270만 불을 지급하여 완전히 맥도널드에 대한 권리를 확보하게 되었다. 맥도널드 형제가 매상의 0.5%를 보유하고 270만 불을 요구하지 않았다면 1961년 이래 맥도널드의 매상 누계는 770억 불에 달하여 수수료가 누계 3억8천5백만 불에 달하였을 것이다.

크로크는 "햄버거만 파는 일이라면 누구나 할 수 있다. 우리들은 그 이상의 일을 하지 않으면 안 된다."고 말했다. 맥도널드 직원들은 침식을 잊고 냉동육 연구에 몰두했다. 극저온의 프리징 테크닉은 연한 햄버거를 만들 수 있었다. 원재료의 구입 루트를 조직화하여 맥도널드의 유통기구를 소매업계에서 가장 진보된 것으로 만들었다. 크로크의 가맹점 철학은 건전하다는 것이 인정받았다. 크로크는 1984년 81세로 사망했다. 맥도널드의 파트너들은 상당수가 부자가 되었다. 크로크가 추구한 가치는 마케팅에서 효력이 있었다. 그 가치는 오늘날까지 맥도널드를 살아있게 만드는 원동력이 되었다는 사실이다.

chapter 06

'먼저'가 더 가치가 있는 것은 아니다

탁월한 마케팅의 원리

chapter 06

'먼저'가 더 가치가 있는 것은 아니다

먼저 개발하는 것이 우월한 것은 아니다

제러드 텔리스는 '마케팅 리서치 저널'의 편집위원으로 활동하며 피터 골더는 뉴욕 대학, 스턴 비즈니스 스쿨의 부교수이다. 이들은 마케팅에서 시장에 먼저 진입하는 것이 반드시 좋은 결과는 얻는 것이 아니라는 연구를 하였으며 여러 사례를 증거로 제시하였다.

안전면도기는 질레트 면도기가 등장하기 수십 년 전에 나와 있던 특허품이었다. 안전면도기 디자인이 처음 소개된 것은 질레트가 나오기 1세기도 전의 일이었다. 레이저 프린터 시장을 지배하고 있는

HP사의 시장점유율은 50%를 넘어서고 있었다. 레이저 프린터를 제일 먼저 상품화한 것은 IBM이었다. 하지만 IBM이 시장에 진출하기 3년 전에 레이저 프린터의 실용 모형을 처음 개발한 쪽은 제록스였다. 요컨대 먼저 상품을 개발하는 것이 시장에서 우월한 지위를 차지하는 요인은 아니라는 것이다.

사실 인터넷 브라우저는 넷스케이프보다 '모자이크'가 먼저 인터넷 시장에 나왔다. 모자이크 역시 최초의 브라우저가 아니었다. 모자이크가 처음 출시되었을 당시, 이미 시장에는 '비올라', '얼와이즈', '마이더스' 같은 프로그램들이 나와 있었다. 종이 기저귀 시장을 처음 창출한 것은 P&G가 아니었다. 팸퍼스가 출시되기 전부터 많은 종이 기저귀의 브랜드가 판매되었지만 모두 실패했다.

1975년 MITS가 최초의 퍼스털 컴퓨터인 알테어를 판매했다. 그로부터 7년 후 비즈니스 신문들은 애플 컴퓨터를 퍼스털 컴퓨터의 개척자라고 불렀다. 진짜 개척자는 1975년에 시장에 진출한 MITS였다.

끊임없이 혁신하였으며 가치를 제공

PC의 역사에서 시장의 주도자는 MITS에서 탠디, 탠디에서 애플, 애플에서 IBM, IBM에서 컴팩, 컴팩에서 델로 옮겨갔다. 워드프로세서의 시장지배력도 IBM에서 왕, 왕에서 워드스타, 워드스타에서 워드퍼펙트, 워드퍼펙트에서 마이크로소프트로 옮겨갔다. 성공한 모든 회사들은 무언가 제대로 일을 했기 때문에 그 지위에 오른 것이다. 먼저 시장에 진입했기 때문에 성공한 것은 아니라는 것이다.

1885년 봄, 이스트먼은 셀룰로이드 필름과 그 필름을 이용하여 사진을 찍을 수 있는 카메라를 발명했다. 이 25불짜리 코닥 카메라에는 사진 100장을 찍을 수 있는 필름이 들어있었다. 회사는 단돈 10불에 사진현상은 물론 카메라에 새 필름까지 끼워서 우편으로 돌려보냈다. 1892년 이스트먼 회사는 회사 이름을 이스트먼 코닥으로 바꾸었다. 이스트먼은 끊임없이 노력하는 혁신가였는데, 훨씬 간단하고 가격이 쌌으며 아마추어 사진가들의 호감을 얻기에 충분한 품질이었다. 코닥사는 끊임없이 제품을 혁신하였으며 소비자들에게 가치를 제공하였다.

비디오 녹화기 시장은 1956년 엠펙스가 상업용 비디오 녹화기를 출시했나. 소니와 JVC, 마쓰시타는 대량 소비시장을 대상으로 좋은 가격대 제품과 동시에 4헤드 기술 대신 2헤드 기술개발에 주력했다. 소비자가 원하는 정도의 품질을 갖추었다. 1970년부터 이후 15년간 JVC는 20억 불, 마쓰시타는 30억 불, 소니는 20억 불의 매출액이 나왔는데, 대조적으로 엠펙스는 4억8천만 불에 그쳤다. 시장에 먼저 진입했던 엠펙스는 높은 가치를 창출하지 못해 후발주자들에게 시장을 빼앗기게 된 것이다.

혁신적인 기술을 도입할 때 끈기가 중요

페어차일드 세미컨덕터의 일부 엔지니어들은 1968년 인텔사를 세웠다. 인텔은 창립 후 3년 후인 1971년 마이크로프로세서를 개발했는데 이는 한 개의 칩 안에 다용도 컴퓨터를 지은 것과 같았다. 인텔은 우수한 칩을 연속해서 출시하였다. IBM은 자사의 PC에 어울리는 마이크로프로세서를 인텔사에서 구입하였다. 시장지배력을 지키려면 부단한 혁신이 요구되었다. 2000년 후반이 되자 인텔의 자본금은 2,200억 불에 이르러 IBM의 자본금 1,650억 불을 추월했다. 인텔의 성공비결은 몇몇 사람의 헌신적인 노력이었다. 대량소비시장을 겨냥한 일반 칩을 개발한 것이 중요하였다.

혁신적인 기술을 도입할 때 끈기가 매우 중요하였다. 질레트는 일회용 면도날에 매달렸다. 결국 질레트는 자신의 발명품에 대한 특허권을 취득했다. P&G의 팸퍼스가 나오기 전에 '척스'라는 제품이 있었다. P&G는 1966년에 이르러서야 종이 기저귀를 개당 소매가 5.5센트라는 가격으로 전국에 발매했다. 그동안 지속적으로 원가를 절감하는 아이디어를 축적하였고 결국 소비자가 원하는 가격의 제품이 탄생하게 되었다. 제품은 출시되자마자 큰 성공을 거두었다. 그들은 끈질긴 배움의 자세를 보였다.

수십 년의 거듭된 혁신이 빛을

제록스 복사기는 1930년대 변리사 체스터 칼슨에 의해 시작되었다. 수년에 걸친 별 효과가 없는 시도들은 결국 그에게 금전적인 파산과 이혼을 가져다주었다. 칼슨은 3년간 노력한 결과 1937년에 복사기 기술을 개발하였다. 그는 그 기술 특허를 팔려고 다녔다.

1947년에 할로이드라는 인화지를 제조하는 회사의 설립자 조셉 윌슨은 칼슨의 소유권을 사들였는데 2만5천 불과 판매액의 8%를 지급하는 조건이었다.

할로이드가 첫 번째 건식복사기를 실용화하는 데는 12년이 더 걸렸다. 할로이드는 사명을 제록스로 바꾸었고 1959년에 세계 최초의 상업용 복사기를 발표했다. 이 복사기는 대당 4만 불의 가격이 매겨졌다. 그래서 판매하는 대신 임대해주는 방식을 취했다. 한 달에 95불에 임대하고 한 달에 2,000매의 무료복사, 초과분에 대해 한 부 당 4센트씩 받았다. 1967년까지 전 세계에서 9천대의 복사기가 임대되어 대당 4,500불의 수익이 나왔다. 제록스사는 결국 엄청난 수익을 올리게 되었다.

가장 중요한 건 일반 용지에 복사할 수 있다는 점이었다. 제록스 914는 큰 성공을 거두었다. 1961넌 말 출시된 지 2년 만에 1만 대의 복사기가 설치되었다. 1996년 제록스는 총수입의 8%인 4천만 불을 연구비로 사용했는데 그 해에 500번째의 특허를 땄다. 제록스는 복사기의 개척자가 아니었다. 이미 많은 대기업이 진출해 있던 시장에 진입했던 것이다.

우리는 쓰러질 때까지 일만 했다

DOS가 성공한 데는 열정과 근면이 중요한 역할을 했다는 사실이다. IBM이 마이크로소프트와 계약을 한 것은 그 회사가 PC에 가장 적합한 언어인 베이직을 소유하고 있는 데다 근면함과 혁신적인 해

결책, 납기일 준수로 좋은 평판을 가지고 있었기 때문이다. 마이크로소프트의 창업자의 한 사람인 알렌은, "우리는 쓰러질 때까지 일만 했다"라고 말했다. 이런 열정적인 근면함은 오늘날 마이크로소프트의 대표 정신이 되었다.

게리 킬달은 운영체계인 CP/M을 만들었다. CP/M의 인기는 올라가 경쟁력 있는 체계가 되었다. 마이크로소프트사는 시애틀컴퓨터의 프로그래머인 팀 패터슨이 개발한 운영체계인 QDOS를 라이센스의 대가로 5만 불에 샀다. 이 운영체계를 다듬어 MS-DOS란 이름으로 바꾸어 IBM에 제시했다. 킬달은 CP/M버전은 240불이었는데, MS-DOS는 40불에 불과했다. 소비자는 DOS를 선택했다.

IBM이 최초의 PC를 출하할 때 MS-DOS는 준비가 완료되어 결국 MS-DOS만이 깔린 수만 개의 PC가 보급되었다. 소비자들은 1984년까지 120만 부의 DOS체계를 사용했다. 마이크로소프트사는 이제 마이크로컴퓨터 소프트웨어 분야에서 지배세력이 되었다.

먼저 진입한 것보다 부단히 기술혁신을

그 다음에 일어난 중요한 기술혁신은 GUIGraphical User Interface였다. 이는 아이콘 등의 그림으로 운영을 제어하는 방식이다. 1981년 제록스의 '스타'는 마우스로 스크린 상의 아이콘을 가리켜 선택하는 기능을 가졌음에도 시대를 너무 앞서 성공하지 못했다. 마이크로소프트사의 윈도즈는 GUI부문에서 후발주자였다. 1985년 마이크로소프트사는 뒤늦게 윈도즈를 내놓았고 대단한 성공을 거두었다. 인내와 시장력, 시장시기 선택상의 행운 등이 성공을 가져온 것이다.

기업의 장기적인 생존에는 지속적인 혁신을 필요로 하였다. 시장에 진입하고자 할 때 가장 중요한 것은 제품의 혁신이었다. 질레트사는 끊임없이 제품을 혁신하였는데 1989년에 엄청난 기술혁신인 '센서'를 출시하였다. 질레트는 연구와 개발을 강조하였고 면도기 시장에 대한 지배적인 우위와 높은 수익률을 유지할 수 있었다. 성공은 먼저 시장에 진입한 회사가 아니라 부단히 기술혁신을 추진한 회사의 차지가 된다는 것이다.

인텔도 끊임없는 기술혁신을 통하여 지금의 우위를 유지하여 왔다. 기술혁신을 통하여 수익은 증가되면서도 생산비용은 줄어드는 이중의 이점이 생긴다는 것을 인텔의 경영진은 깨달았다. 인텔은 실립자들의 정신에 자극을 반아 연구에 수익을 지속적으로 재투자했다. 일관성 있게 혁신에 전념하고 부단히 추구하는 결정이 중요하다는 것이다.

기술혁신을 못한다면 침체에 빠진다

인터넷 브라우저 시장의 지배력은 모자이크에서 넷스케이프, 넷스케이프에서 인터넷 익스플로러로 이어졌다. 넷스케이프의 베타버전은 크게 성공했다. 성공 이유는 넷스케이프의 속도가 모자이크보다 10배나 빨랐기 때문이었다. 넷스케이프는 1995년 7,500만 불을 벌어들였는데, 1995년8월에 기업공개를 할 수 있었고 자금을 확보하였다. 넷스케이프의 성공에는 엄청난 자금압박을 견디면서 이루어진 고통이 있었다.

넷스케이프 공동 창립자 마크 안드레슨은 떠벌렸는데 게이츠는 조용히 인터넷 익스플로러의 기능과 안정성 등에서 넷스케이프의 내비게이터를 추월하였다. 마이크로소프트는 인터넷 익스플로러 브라우저를 윈도우95와 묶어서 무료로 제공하겠다고 선언했다.

1995년 넷스케이프는 브라우저 시장을 거의 80%까지 점유했다. 당시 넷스케이프의 현금 보유량은 2억3백만 불, 마이크로소프트의 현금 보유량은 100억 불이었다. 넷스케이프는 스스로 서둘러 화를 자초했으며 결국 AOL에게 인수를 당하였다. 결국은 마이크로소프트의 인터넷 익스플로러 브라우저가 승리자가 되었다.

시장 진입의 순서보다 더 중요한 것은 부단한 혁신의 필요성이다. 중요한 것은 시장이 끊임없이 변하고 있기 때문에 부단히 기술을 혁신해야 한다는 점이다. 마이크로소프트는 "회사가 계속해서 기술혁신을 하지 못한다면 침체에 빠지고 망한다"는 편집증에 사로잡혀 발전하였다고 할 수 있다. 이 회사는 혁신에 의해 살아남았고 그로 인해 번창하여 왔다.

정신적인 충격과 엄청난 압박감

스미스는 1971년 페더럴 익스프레스를 설립했다. 1975년에 들어서자 물량이 꾸준히 증가하였고 1975년7월 회사는 처음으로 월간 흑자를 기록했다. 1976년에는 소형 항공화물업계에서 지배적인 운

송업체가 되었다. 스미스가 자금을 마련하기 위해 노력한 수고는 엄청났다는 사실이다. 그는 "내가 어떤 일을 겪었는지 짐작조차 못할 것이다. 난 내 이름을 기억하는 것조차 신기할 정도로 정신적인 충격과 엄청난 압박감에 시달렸다."라고 말했다.

슈왑은 적당한 가격으로 양질의 서비스를 계속해서 제공할 수 있었다. 1996년1월 e슈왑은 전국적으로 확대되었다. e슈왑의 저가 서비스의 특징은 더 낮은 수수료로 더 많이 보상받는다는 것이다. 슈왑의 강한 브랜드와 뛰어난 기술력, 훌륭한 고객 서비스가 성과를 얻었다. 1년 수입이 19% 증가했고, 이익이 29% 증가했다. 오늘날 슈왑은 400만이 넘는 온라인 계좌가 있다. 슈왑의 주식시가 총액은 1996년 이후로 네 배 뛰어올랐다.

진정한 가치를 창출하는가가 절대적

최우수 제품을 개발하고 그 제품에 자원과 인재를 집중하여 가장 유망한 시장에 진출하는 것이 매우 중요하다는 사실이다. 사업의 중요한 원리는 단기수익보다는 장기적인 이익, 장기적인 생존을 유지하는 것에 맞춰야 한다. 개척자는 개척자라서가 아닌 제품의 높은 품질로 인해 진정한 혜택을 누리게 된다는 것이다. 시장을 개척했는가 여부가 아니라 회사가 성공의 요소를 가지고 있는가 여부 즉 진정한 가치를 창출할 수 있는가가 절대적으로 중요하였다.

최근에 112개의 유수한 제조업체의 경영자 166명을 상대로 조사한 바로는, 신제품계획의 8%만이 제품화되어 시장에 도입되었고 그 중에서 83%가 도입 후 실패했다고 한다. 결론은 신제품이 성공을 거두기까지는 엄청난 위험을 감수해야 한다는 것이다. 시장에서 생존의 가장 결정적인 요소는 마케팅 자원이라고 한다. 마케팅 자원을 풍부히 가지고 있으면서 이를 가치 창출을 위해 진력하는 조직은 시장에서 항상 생존해 왔다는 사실이다.

chapter 07

제조업 기업들의 탁월한 가치

탁월한 마케팅의 원리

chapter 07

제조업 기업들의 탁월한 가치

왕영경 회사의 탁월한 가치

화교 3대 거상의 한 사람이자 '경영의 신'

왕영경은 15세에 쌀집 점원으로 취직한 뒤, 자신의 일에 진력하였고 화교 3대 거상의 한 사람이자 '경영의 신'이라 불리는 인물이 되었다. 그는 "쉼 없는 노력이야말로 가장 근본적인 원칙이며 무엇인가를 쉽게 얻으려고 해서는 안 된다"는 것이 그의 지론이었다. 왕영경은 자신의 경영 경험을 저서를 통해 밝혀주었다.

1917년 1월 태어난 왕영경은 초등학교를 졸업하자 쌀집에 점원으로 취직한 것이 1931년 나이 15세였다. 그는 쌀을 들이는 법, 쌀값 계산법, 좋은 쌀 고르는 법 등을 1년 동안 착실히 터득해, 이듬해 작은 쌀가게를 열었다. 우선 판로가 문제였다. 그는 고객을 기다리는 수동적 방식이 아니라 적극적인 서비스 방법을 생각했다.

왕영경은 무거운 쌀을 배달해주었고, 때가 되면 고객의 집을 찾아 쌀을 채워놓겠다고 약속했다. 쌀장사는 이윤이 2/100에 불과해 영경은 정미소를 차리기로 하였다. 일본인 정미소는 저녁 6시면 영업을 마쳤으나 영경은 저녁10시반까지 연장하여 일했다.

고통을 참아낼 수 있는 정신력이 있어야

왕영경은 고통을 참아낼 수 있는 정신력이 있어야 함을 깨달았다. 둘째는 관리 방법이 제대로 되어야 함을 알았다. 그는 여러 역정을 거친 끝에 1954년3월 미국 원조자금 67만 불 등 총자본금 117만 불의 포모사 플라스틱 주식회사를 탄생시켰다. 왕영경은 플라스틱의 성분과 제조 과정, 생산라인, 가공, 각 부문별 용도 등 수많은 자료를 읽고 스크랩하는 사이에 대만 최고의 플라스틱 전문가가 되어가고 있었다. 회사 설립 후 3년 만에 공장이 완공되었다.

1957년, 월 생산량 100톤 규모의 세계에서 가장 작은 PVC분말 생산라인이 가동되기 시작했다. 기술 수준은 열악했으나 대만의 낮은 임금에 힘입어 포모사플라스틱은 사업을 확장해 갈 수 있었다. 1978년 포모사 그룹의 연매출액이 10억 불을 돌파했다.

포모사 그룹은 자산규모 400억 불에 석유화학 이외에 전자, 전기 등 30여 개 계열사를 둔 세계적인 기업이 되었다. 왕영경은 "개선할 줄 모르고 만족하고 있는 것이 정말 위험한 상태이다. 관리는 하나의 기술이다"라고 말했다. 그에게 있어 관리는 사물에 대한 깊은 인식이며 합리화를 추구하는 행위였다.

품질을 생명과 같이 여겨야

왕영경은 "기업이 가져야 하는 기본자세는 품질을 생명과 같이 여겨야 하는 것이다."라고 말했다. 값싸고 질 좋은 물건을 생산하려면 모든 직원의 철저한 책임의식이 필요하였다. 왕영경은 "책임자는 스스로 반성하여 사람의 품질을 높이는데 진력해야 한다"고 강조했다.

기업에서 사람의 품질은 모든 사물의 근본이며 기업의 성쇠에 연결된다는 사실이다. 기업의 이윤창출은 모두 사람과 관련된다. 왕영경은 엄격한 훈련으로 자신을 이겨내고 훌륭한 인재를 기르기로 생각했다. 그는 사람의 품질 수준을 제고하는 책임은 전적으로 책임자에게 있다는 것을 알았다.

왕영경은 사업을 할 때 무슨 일을 하든지 한 발씩 나아가야 한다는 것을 깨달았다. 그는 관리방법을 개선해 생산효율을 높이고 품질을 개선하는 것이 중요함을 알았다. 왕영경은 "지식이 없으면 상대는 당신을 무시하게 될 것이다"라고 말했다. 그 자신이 학식을 얻기 위해 많은 자료와 책들을 읽었다.

경영 합리화는 원인이며 이윤은 결과

왕영경에게 경영의 합리화는 원인이며 이윤은 결과였다. 그는 관리 합리화를 소홀히 하면 문제가 발생하고 혼란의 근원이 된다는 것을 자각했다. 조건이 좋아도 긴장감이 없으면 안 된다는 사실도 그는 터득했다. 왕영경은 "인력의 잠재력을 계발하여 능력을 발휘하는 것이 관리의 기본적인 요체이다"라고 생각했다. 그에게 있어 모든 업무는 지속적으로 합리화를 추구해야 하는 과제였다.

왕영경은 몇 가지 목표를 이루고자 하였다. 첫째 인재 육성이다. 기업의 힘은 곧 사람의 힘이기 때문이다. 그에게 실력을 키우는 일은 매우 중요하였다. 왕영경은 "돈을 위해서가 아니라 일 자체가 보람과 만족의 근원이 되어야 하며 자신의 실력이 향상되어야 한다"라고 강조했다.

왕영경에게 개선하겠다는 의식은 내재적인 의식 배양, 자아발견이었다. 그의 회사에서 책임자는 스스로 타성을 극복하고 부하직원을 훈련시킬 능력을 갖추어야 하였다. 그는 반성이야말로 성공에 중요하며 긴장하고 경각심을 가져야 한다고 생각했다.

성공의 관건은 무형의 자원

1976년 왕영경은 부친 왕장경을 기념하기 위해 비영리재단인 장경기념병원을 설립하였다. 이 병원이 원가를 대폭 절감함에 따라 환자들의 부담도 크게 경감되었다. 장경기념병원은 경영 합리화의 모범 사례가 되었다. 병원에서는 과단위로 책임경영제를 도입했는데 이로 인해 환자를 배려하는 서비스가 획기적으로 개선되었고 합리화를 추구하여 낭비 요인을 제거했다. 장경기념병원은 완전히 자력으로 운영되어 왔다.

왕영경은 "근면은 미덕이자 성공의 원인이다"라고 말했다. 그에게 있어 회사의 자원은 무형적인 것과 유형적인 것이 있다. 무형적인 것은 인간의 지혜와 품행을 말한다. 그는 성공의 관건은 무형의 자원이라고 생각했다. 포모사 그룹에서 처장급은 물론 이사급에게도 차가 지급되지 않았다. 그는 출국할 때마다 이코노미 클래스를 이용하였다. 화교 3대 거상의 한 사람이자 '경영의 신'이라 불리는 인물이 되었던 왕영경은 돈이 아니라 가치를 추구하였다는 사실이다. 그의 뛰어난 가치 추구는 탁월한 마케팅이 되는 원인이 되었다.

존 디어의 탁월한 가치

어떻게 일을 처리하느냐가 중요

대장장이 존 디어가 1837년 자동 흙털이 철제쟁기를 발명하고 원칙을 기반으로 사업을 해 온 회사가 존디어이다. 저술가 데이비드 마지는 존디어의 역사를 조사하였고 존디어의 가치를 저서를 통해 밝혀주었다.

존디어사는 트랙터, 콤바인, 부속 작업기에 최고의 품질이라는 약속으로 이어 왔다. 잔디용품, 조경, 잔디관리, 건강용품, 건설, 임업장비 등에도 진출해 있다. 존 디어는 연매출 200억불, 4만6천명의 직원을 고용하고 세계160개국에 제품을 팔아 왔다.

존디어에서는 "어떻게 일을 처리하느냐"가 중요하였다. 모든 임직원은 "진실을 말하기, 공정하게 대하기, 제품 및 서비스에 책임지기" 등과 같은 원칙이 있다. 이 회사의 사업수행에서의 네 가지 신조는 "품질, 혁신, 성실성, 약속"이다.

불황기가 지날 때까지 대금 지불을 유예

존 디어는 가치에 고착하며 진실성과 충실성을 높이 평가하는 회사였다. 존디어의 품질에 대한 약속은 양질의 제품만을 만든다는 핵심가치에 의해 유지되었다. 어떤 제품도 문제가 발생할 수 있기에 존 디어는 자사 제품에 책임을 지며 완전 서비스를 제공하였다. 사후관리를 철저히 하여 항상 문제가 해결될 수 있다는 확신을 주었다. 존 디어는 "끊임없이 개선하지 않으면 망하게 되어 있다"라고 말했다.

극심한 농업 불황기에도 존 디어는 트랙터와 콤바인에 더 많은 토크와 파워의 기능을 부여했다. 2003년 존 디어 농기계 부문은 순판매의 4%를 연구개발에 투자했는데 이는 최대 경쟁사보다 두 배에 달하는 돈이었다. 존 디어에게 성실성은 절대 타협할 수 없는 특징이었다.

대부분의 농민들은 불황과 가뭄의 시기에 대금을 지불할 능력이 없었다. 존 디어는 농민들에게 과태료 없이 불황기가 지날 때까지 대금 지불을 유예하고 기다려주었다. 제품에 대한 회사의 약속, 직원과 고객에 대한 충성이 존디어가 경쟁사들보다 유리하게 불황을 극복할 수 있게 해주었다.

가치를 기본으로 해야 한다는 것

비즈니스를 운영함에 있어서 가치를 기본으로 해야 한다는 것을 존 디어는 확인하였다. “모든 언사에 공손할 것, 모든 거래에 정직할 것, 모든 개인적 행동에 위엄을 가질 것, 모든 사고에 진취적일 것, 모든 비판에 건설적일 것, 모든 일에 품질을 부여할 것”을 존 디어는 말했다.

존 디어는 어떠한 제품이라도 제품의 수명이 다할 때까지 언제라도 다시 사용할 수 있도록 보수유지 서비스를 해주었다. 제품에 대해 책임을 진다는 것이고 이것이 존 디어를 다른 회사와 구별짓게 하는 것이었다. 이 회사는 고객이 어느 시간, 어느 요일이라도 전화연락을 할 수 있도록 서비스를 강조했다. 일요일에도 서비스 전화를 받는 것이 기본적인 정책이 되었다.

결코 손해보지 않는 장사

존 디어의 트랙터를 산다는 것은 오랜 세월 결코 손해보지 않는 장사를 의미하였다. 농기계 업계에서 지난 20년 동안 온전히 살아남은 회사는 존 디어말고는 아무도 없다는 사실이다. 존 디어는 ‘인내’를 강조하였는데, 이는 연구개발과 혁신을 지속적으로 인내를 가지고 실천해야 한다는 것이다.

존 디어는 고객들에게 봉사한다는 계획을 고수함으로써 성장을 계속하여 왔다. 존 디어는 품질과 고객에 대한 가치전달에 진력하였다. 존 디어는 높은 생산성을 제공함으로써 비싼 장비에 대한 투자를 좀더 가치 있게 만들었던 것이다.

"경영의 신"으로 존경받던 경영자

마쓰시타 고노스케는 일본에서 "경영의 신"으로 존경받던 경영자였다. 초등학교 4학년을 중퇴하고 자전거 가게에서 점원으로 일하던 그는 1918년 마쓰시타전기제작소를 설립하였다. 그는 1894년 아카아마 현에서 출생, 화로 가게와 자전거 가게에서 점원으로 일한 후 '오사카 전등회사'의 공사 담당자가 되었다. 22세에 독립하여 '마쓰시타 전기제작소'를 설립하였고 1933년 사업부제를 시행하였다. 1961년에 회장이 되었고 1973년에 은퇴해 상담역이 되었으며 1989년 4월 94세를 일기로 사망했다.

그의 저서로는 '신국토 창성론'외 다수가 있다. 그는 1946년에 PHP연구소를 창설하고 PHP(Peace, Hapiness, Properity)운동을 시작하였다. 필자는 마쓰시타의 저서와 여러 자료를 통해 그의 탁월한 가치를 확인했다. 필자는 일본에서 그가 설립한 PHP연구소를 방문하여 관련 임원들과 많은 대화를 나누었던 경험이 있다. 나는 마쓰시타가 많은 사람들의 추앙을 받고 있음을 확인하였다.

기본적인 사고를 실천하면 성공할 수

마쓰시타에게 경영이란 기업운영에 관한 기본적인 사고를 확립하고 그것을 실천에 옮기면 반드시 성공할 수 있는 방법을 뜻하였다. 그의 경영의 관점은 "세상 사람이 원하는 것"을 보는 것이었다. 세상의 목소리, 사람들의 요구에 솔직히 답하고 성심으로 노력하는 것이 경영의 기본이라는 것이다.

마쓰시타는 "스스로 용납할 수 없는 상품은 내놓지 말아야 한다. 그 신념을 고수하는 것은 사업의 기본이다"라고 말했다. 그는 자사의 이익만 생각하지 않고 상대 회사의 입장도 배려해주는 회사가 되어야 한다고 생각했다. 그의 회사의 구매 비결은 납품 거래처와의 공존공영이었다. 그는 상대가 가격 인하가 가능하도록 생산공정 등을 개선하는 아이디어를 제시하였다.

사회에 대한 사명감이 정립되어야

마쓰시타는 상품에 대한 서비스가 충분하지 못하다면 판매 상품을 줄이고 서비스에 완전을 기하는 결단을 내릴 수 있어야 한다고 생각했다. 사업 확장은 그에 걸맞은 서비스가 가능한가를 반드시 확인한 후에 해야 한다는 것이다.

마쓰시타에게 적정 이윤을 남기는 것은 귀중한 의무이며 책임이었다. 그는 이익이란 사회적 사명을 얼마나 잘 실천했는지를 재는 척도라고 말했다. 그러기 위해서는 사회에 대한 사명감이 정립되어야 하였다. 그는 직원들에게 사명감을 심어주었다.

마쓰시타는 "윗사람이 움직여야 아랫사람이 따른다"라고 말했다. 경영자 자신이 사업에 열의를 가져야 사원들도 그렇게 된다는 것이다. 그는 직원들이 책임감을 갖고 일하는 자주적 책임경영이야말로 좋은 기업의 기본조건이라고 생각했다. 그러한 생각이 선구적으로 사업부제를 실시하여 자유재량을 주는 분권관리조직으로 나타났다.

반성하고 실천하는 경영자

마쓰시타는 "경영자는 직원들이 쉴 때도 일을 해야 한다. 사업은 절체절명의 승부이다"라고 말했다. 그에게 있어 경영자가 가장 먼저 해야 할 일은 경영의 기본이념을 갖추는 일이었다. 그는 60년 동안의 사업경험을 통해 경영 이념이 얼마나 중요한지 깨달았다. 그는 '생산자의 사명'을 깨달았는데 1932년이었다.

그는 해야 할 일은 꼭 실행하고, 하지 말아야 하는 일은 결코 하지 않겠다는 신념으로 일해 왔다. 그는 경영자는 세금, 배당금, 자금 축적 이 3가지를 항상 염두에 두어야 한다고 생각했다. 마쓰시타는 "반성하고 실천하는 경영자야말로 최고의 경쟁력을 갖춘 경영자가 된다"라고 말했다. '경영의 신'이라고 불린 탁월한 경영자인 그가 스스로 반성하는 것을 좌우명으로 삼았다는 사실이 의미가 있었다. 그는 겸손하였다.

더 중요한 것은 '마음의 댐'

마쓰시타는 1965년 2월에 간사이 재계 세미나에서 '댐 경영과 적정 경영'이라는 주제로 강연을 했다. "댐 경영이란 여유 설비를 가지는 경영을 말한다. 댐은 자금, 재고, 인재에 모두 필요하다. 댐 경영의 의의를 올바르게 인식하면 건전하고 이윤이 높은 경영을 유지할 수 있다. 좀더 강한 마음을 가져야 한다"고 말했다.

이익이 날 때 자금을 여유 있게 축적해 자기 자금을 바탕으로 사업을 전개해야 한다는 것이다. 사업의 경력이 늘어날수록 자금이 더욱 축적되어 수입이 줄어들어도 당황하지 않고 경영할 수 있어야 한다는 것이다. 또한 그에게 더 중요한 것은 '마음의 댐'이었다. 이는 '댐을 경영에 도입해야 한다'는 의식을 뜻하였다.

마쓰시타전기는 인재를 만들고 있다

그는 사원들에게 "마쓰시타전기는 인재를 만들고 있다"고 대답하라고 요청했다. 기업의 사명은 좋은 제품을 만드는 것인데, 그보다 더 중요한 일은 인재를 육성하는 일이라는 것이다. 마쓰시타는 "모든 경영자는 스스로가 끝없는 공부를 통하여 날마다 새롭게 변화함으로 기업에 생기를 공급해야 한다"라고 말했다. 그것이 진정한 프로페셔널 경영자의 모습이라는 것이다. 초등학교 4학년을 중퇴한 그가 학습을 중시한 것은 학습의 가치를 뼈저리게 체감했다는 증거였다.

1924년에는 마쓰시타 전기의 기초가 된 자전거 램프를 제조해 판매하기 시작했다. 기존 램프의 결점을 보완한 제품이었다. 당시 대우가 가장 좋다던 가네보마저도 임금삭감으로 쟁의가 일어날 정도로 경기가 좋지 않았다. 마쓰시타의 회사도 그의 영향을 받아 매출이 급격하게 줄어들었다.

이러한 상황이 지속되자 마쓰시타는 "오늘부터 생산을 반으로 줄인다. 그러나 직원은 한 명도 줄이지 않는다. 따라서 반일 근무를 실시한다. 월급은 전액 지급한다. 대신 종업원 모두 휴일을 반납하고 재고품 판매를 위해 노력한다"라고 말했다. 반일분의 임금 손실은 장기적 안목으로 보면 큰 문제가 아니었다. 직원들은 전원 찬성했다. 그렇게 열심히 제품을 판매한 결과 불과 두 달 만에 재고를 모두 처리해 공장을 다시 예전처럼 가동할 수 있었다.

경영의 가치를 인정받은 것

마쓰시타 회사는 네덜란드의 필립스와 1951년에 제휴협상을 하게 되었다. 유럽의 기술은 그에게 꼭 필요했다. 필립스는 로열티로 기술지도료 7%를 요구했다. 마쓰시타는 경영지도료를 받아야 한다고 생각했다. 기술은 그들이 제공하지만 경영을 지도하고 감독하는 것은 마쓰시타 전기이기 때문이었다.

결국 기술지도료 4.5%를 필립스에 내고 대신 경영지도료 3%를 마쓰시타가 받기로 합의를 봤다. 1952년 10월에 기술계약에 조인했다. 1952년 12월 '마쓰시타 전기공업주식회사'가 탄생한 것이다. 1967년에 계약 재개기를 맞이했지만 양자의 합의로 10년을 연장했다. 계약을 갱신하면서 기술지도료와 경영지도료를 모두 2.5%로 하였다. 경영의 가치를 인정받은 것이다.

모든 직원들이 평범한 나보다 위대하다

1965년 4월에 마쓰시타 전기는 주5일 근무제를 실시했다. 1961년 1월에 마쓰시타는 마쓰시타 전기의 사장에서 물러나 회장이 된다고 발표했다. 그 다음날부터 그는 연구를 재개하기로 결심했다. 그는 "나는 배운 것도 적고, 특별한 재능도 없는 평범한 사람이다. 내 눈에는 모든 직원들이 나보다 위대한 사람으로 느껴진다는 점이다."라고 말했다.

일본 최고의 부자가 되었던 마쓰시타는 일평생 탁월한 가치를 창출하고자 헌신하였다. 그는 처음에 단지 생존하기 위하여 사업을 시작하였으나 올바른 가치를 발견하고 그것에 몰두하였다. 그의 엄청난 부나 막강한 기업 집단 때문에 '경영의 신'으로 추앙을 받았던 것은 아니었다. 그가 탁월한 가치에 한결같이 충실하였기에 많은 사람들에게 감동을 주었던 것이다.

chapter 08

탁월한 가치의 스포츠 감독들

탁월한 마케팅의 원리

chapter 08

탁월한 가치의 스포츠 감독들

필자는 "마케팅은 가치를 창출하는 모든 활동"이라고 정의한 바 있었다. 스포츠 활동은 감독의 지휘 아래 선수들이 가치를 창출하여 시장관객이나 팬들에게 전달하는 과정이다. 탁월한 스포츠 가치를 창출하는 데에도 마케팅의 원리가 적용될 수 있다는 사실이다. 필자는 두 명의 탁월한 스포츠 감독을 통하여 그들이 가치를 창출하게 된 요인을 살펴보고 그것이 마케팅의 원리와 통한다는 것을 밝히고자 한다.

탁월한 감독 존 우든

존 우든은 1910년생으로 미국에서 "20세기 최고의 감독"으로 선정되었다. 그는 1975년에 은퇴했다. 그는 UCLA농구팀을 전 미국 선수권대회에서 12회 결승전에 진출시켰고 그 중 10회를 우승했다. 우든은 자신의 선수들이 공부를 제대로 하고 졸업장을 받아 전문인으로 활약하는 것을 자랑으로 여겼다. 우든은 자신의 경험을 저서를 통해 알려주었다.

행복은 자신에 대하여 평온한 마음을

우든은 "행복은 자기 자신에 대하여 평온한 마음을 가지는 것에 있다"라고 말했다. 그는 퍼듀대학 시절 3년 동안 전미 최우수선수 중 한 명에 뽑혔고 올해의 선수상도 받은 적이 있다. "여정 자체가 도착지보다 나은 것이다."라는 이 말에 우든은 전적으로 공감하였다. 그에게는 준비하는 과정이야말로 성공을 찾는 길이었다. 그는 선수들에게 "준비에 실패하는 것은 실패를 준비하는 것이다"라고 자주 말했다. 그에게 중요한 것은 이겼느냐 졌느냐가 아니었다. "내가 최선을 다했나?"가 중요한 것이었다.

존 우든은 "자신의 최선을 다하는 것 이상은 없는 것이다"라고 말했다. 그는 선수들이 양말을 조심스럽게 감아 넣어서 주름이 잡히지 않게 신도록 했다. 그래야 편하게 게임할 수 있기 때문이다. 접혀진 부분이 있으면 물집이 생긴다는 것이다.

우든은 자신을 다른 사람들과 비교하는 것은 좋지 않다고 생각했다. 자신을 타인과 비교하는 경향은 죽을 때까지 불행해지는 원인이라는 것이다. 그가 중요하다고 믿는 목표는 자신의 재능을 최대한으로 개발하는 것이었다.

경쟁은 과정적 측면에 초점을 맞추어야

우든은 퍼듀 대학교를 졸업할 때 학업성적 우수 운동선수로 선발되어 상장을 탄 것이 아주 자랑스럽다고 생각했다. 그는 언제나 교육을 강조했다. 그는 연습이 끝나면 근처에 떨어진 오렌지 껍질이나 껌종이를 줍도록 했다. 깨끗함과 예의바름은 스스로에 대해 자부심을 느끼도록 해주었기 때문이다. 그는 12년 동안 결승전에 올라가서 10번이나 우승을 하기 전에도 이미 14년 동안 감독직을 맡고 있었다.

1948년 우든은 UCLA대학교로 옮겨왔다. 그는 10년 동안 연습 전에 마루를 쓸고 기름걸레질을 했다. 그는 환경이 어떠하든 자기가 할 수 있는 것에만 관심을 두고 최선을 다했다. 오직 그의 능력만 그와 상관이 있을 뿐이라는 것이었다.

우든은 선수들을 평가할 때 그들이 가지고 있는 게 무엇이냐가 아니라 그것을 어떻게 써먹는가를 기준으로 삼았다. 그는 경쟁심은 과정적 측면에 초점을 맞추어야 하며 결과적 측면에 집중되어서는 안 된다고 생각했다. '혼신을 다한 노력'을 하는 것만이 자신에 대한 만족감을 줄 수 있다고 생각했다. 우승보다 혼신의 노력을 다하는 것이 더 중요하다는 것이다.

도착보다는 희망 지닌 여행이 낫다

우든은 전국선수권대회에서 10회 우승이라는 명성이 있기 전에 이미 성공한 감독이라고 스스로 생각했다. 우승은 결과에 불과했다. 그는 결과보다 그 과정에 최선을 다하는 것이 더 중요하다고 생각했기 때문이다. 스포츠에서 우승은 기업에서 성공적인 순이익을 달성하는 것과 같은 것이다.

우든은 "정상에 올라가게 하는 것은 실력이지만, 그곳에 머물게 해주는 것은 성품이다"라고 말했다. 로버트 루이스 스티븐슨은 "도착하는 것보다는 희망을 지닌 채 계속 여행하는 것이 더 낫다"라고 말했는데 우든은 그에 전적으로 동감했다. 우든은 사람들의 주목, 우승 트로피보다 연습하던 것이 더 그립다고 회고했다.

우든의 팀이 우승할 수 있었던 것은 그가 선수들을 분석하고 각각에 적합한 역할을 분담하고, 기초기능과 세부적인 것들에 주의를 기울이고 다른 사람들과 원만한 관계를 유지했기 때문이었다. 그는 열심히 일하는 것을 진실로 즐겼다. 우든은 지도자는 사람들을 규율시켜야 한다고 생각했고 그대로 실천했다. 그가 선수들에게 주는 가장 큰 벌은 연습에 참가하지 못하도록 하는 것이었다. 그는 "내일 어떤 일이 벌어질 것인지를 결정하는 것은 오늘 우리가 무엇을 하느냐에 달려 있다"라고 말했다. 그는 연습을 강조했고 체력을 강조했다.

연습과 계획과 훈련이 여정이고 목표

우든은 자신의 힘으로 통제가 가능한 것에 대해서 모든 노력을 집중하였는데 그 중의 하나가 체력강화였다. 그는 실제로 연습하는 시간만큼이나 많은 시간을 연습계획을 짜는 데 투자했다. 그에게는 연습은 하루도 빼놓지 않고 계획한 대로 진행되었다. 연습과 계획과 훈련은 그의 여정이었고 그는 진심으로 그것을 좋아했다. 그에게는 여정이 바로 목표였다. 기업으로 말하면 우든은 매출이나 순이익보다 가치를 창출하는 과정을 우선하였던 것이다.

우든은 "성공은 마음의 평온이다"라는 정의를 만들었다. 그것은 최선을 다했다는 자기만족감을 말하는 것이다. 중요한 진짜 시합은 '자기 자신'의 개인적 최선에 도달하려고 노력하는 것을 말한다고 그는 생각했다. 그는 1948년에 UCLA의 감독이 되었는데 "성공은 자신의 노력을 100% 다하는 것 자체이다"라는 말을 남겼다. 그가 추구한 탁월한 가치는 오늘날에도 효과가 있다는 사실이다.

탁월한 감독 루 홀츠

루 홀츠는 노틀담대의 풋볼 감독으로 27년간의 대학 미식축구 감독 생활을 통해 216승 95패 7무승부의 기록을 세웠다. 그는 자신의 경험을 저서를 통해 밝혀주었다. 홀츠는 "자신이 이미 자기 인생의 우승자라는 사실을 명심하라."라고 선수들에게 말했다. 1988년 시즌에 노틀담은 마이애미를 이기고 전국 우승팀이 되었다. 홀츠의 방식은 올바른 방식, 훌륭한 방식으로 일을 처리하는 것을 의미하였다. 루 홀츠는 1미터53센티미터의 키에 67킬로그램의 몸무게를 가졌음에도 강력한 존재감을 발산하였다.

모든 성공적인 감독과 선수들은 공통점을 갖고 있는데 그들은 목표를 분명하게 갖고 일관된 운동습관을 고수했다. 홀츠는 탁월해지고 싶다면 굳은 결의와 극기가 필요하다고 생각했다. 그는 1937년에 태어났으며 38년간 한 여자와의 결혼생활을 유지해 왔다.

긍정적인 마음이 탁월한 역량을 발휘

홀츠는 긍정적인 마음가짐이 탁월한 역량을 발휘하게 해주는 비결이라고 생각했다. 그는 지도자의 마음가짐은 다른 사람들에게 강력한 영향력을 미친다는 것을 알고 있었다. 그는 "남을 지도하기 위해서는 자신의 열정에 불을 지피는 것이 중요하다"라고 말했다. 1987년 노틀담의 감독직을 맡은 지 2년째가 되던 해에 그의 팀은 8승1패의 전적이었다.

홀츠는 "승자와 패자는 모두 자기 생각의 산물이다"라고 말했다. 그는 자긍심이 물질적인 측면에서 나오는 것이 아니라는 사실을 선수들에게 알려주었다. 우수한 선수들은 제약 조건들에 대해 불평하지 않으며 오히려 자부심을 가진다고 한다. 홀츠는 "선수들에게 정말로 중요한 것은 몸집이 아니라 투지였다"라고 말했다. 그는 선수들이 치르는 희생은 성취동기를 제공하고 자긍심을 높여준다는 것을 알았다.

홀츠는 팀별 훈련보다 각자의 세트 포지션을 연습하는 데 더 많은 시간을 쏟아 부었다. 그는 모든 것을 단순화시키는 데 주력했다. 허들을 시작하고 끝내는 방식, 라인업하는 방식, 그 외 자잘한 사항들에 꼼꼼하게 관심을 쏟아야 하였다. 그는 기본적인 것을 항상 강조하였다.

감사하게도 나는 과거의 내가 아니다

홀츠는 "감사하게도 나는 과거의 내가 아니다."라는 어구를 좋아했다. 이는 끊임없이 자신의 능력을 개발해야 한다는 것이었다. 풋볼에서는 기술적인 측면도 중요하지만, 자신과 자신의 능력에 대한 자신감이 그 무엇보다도 중요한 일이라고 한다. 홀츠는 실수를 저지른다면 결코 자책하지 말고 경험으로부터 교훈을 얻으며 전진해야 한다고 생각했다. 그는 "충분한 대비는 자신감을 키워준다"고 말했다. 그러므로 그의 팀원들이 연습을 충분히 하지 않거나 어제보다 나은 자신을 제시하지 않는 것은 용납하지 않았다.

홀츠는 "탁월해지기 위해 전력하고 있는가?"를 자문해보는 것을 중요하게 생각했다. 자아상은 강력한 성취동기의 수단이 될 수 있다는 것이다. 홀츠는 탁월해지기 위해 헌신할수록 더 높은 기준을 받아들이게 될 것으로 생각했다. 그에게 탁월해지기 위해 헌신하는 것은 승리를 위한 중요한 요소였다.

홀츠는 "규율은 자기 자신을 위한 행위이다"라고 말했다. 사람들은 그를 가리켜 '규율가'라고 부르기도 하였다. 1988년 당시 전국1위를 달리던 노틀담팀은 주전 선수 중 2명이 지각을 잘했다. 홀츠는 공개적으로 "정시에 약속 장소에 도착해야만 한다. 그렇게 하지 못한다면 누구도 기용하지 않을 것이다."라고 선언했다. 그 두 선수는 1주일 동안 칼 같이 시간을 잘 지켰다. 그런데 남캘리포니아대학과의 시합 전날 밤, 두 선수는 45분이나 늦게 나왔다.

다음날 아침 그는 그들을 고향으로 가는 첫 번째 비행기편에 태웠다. 이미 공개적으로 경고를 하였기에 다른 식으로 그 문제를 처리했다면 나머지 선수들까지 잃을 위험이 있었다. 홀츠는 다행히 경기를 승리로 이끌 수 있었다. 홀츠가 강조한 규율은 여러 모로 조직을 개선시켰다.

가치를 창출하고자 직분에 헌신하는 자세

그는 "탁월해지기 위한 전력투구와 규율이 필요하다"라고 말했다. 홀츠에게 규범의 강요는 자부심을 길러주는 요소였다. 노틀담팀은 미시건대학보다 더 많은 땀과 정성을 쏟기로 결정했을 때 이미 경기에서 승리한 셈이었다. 홀츠는 결과에 집착하기 보다는 결과를 가져오는 가치에 헌신함으로서 이미 승리의 길을 걷고 있었다.

홀츠는 사랑이 깃든 규율을 매우 중요하게 생각했다. 그는 스스로 성공적인 인생을 살아나갈 수 있는 가치를 확신하고 있었다. 그는 모든 과정에서 가치를 창출하고자 직분에 헌신하는 자세를 유지함으로써 탁월한 감독이 되고 있었던 것이다. 탁월한 가치를 창출하는 팀은 탁월한 가치를 창출하는 기업과 같이 결코 쇠퇴하지 않는다는 사실이다.

chapter 09

소매 기업들의 탁월한 가치

탁월한 마케팅의 원리

chapter 09

소매 기업들의 탁월한 가치

세븐일레븐의 탁월한 가치

경영은 변화에 대응하는 것이다

스즈키 도시후미는 1932년생으로 중앙대학 경제학부를 졸업하고 도쿄출판판매사를 거쳐 1963년 이도요카도에 입사했다. 1973년에 '세븐일레븐 저팬'을 창립하여 일본제1의 유통업체로 성장시켰다. 2004년에는 일본의 최고경영자로 선정되었다. 2005년4월 세븐일레븐의 모회사인 이토요카도와 자회사인 데니스를 인수합병하여 지주회사인 '세븐 앤 아이 홀딩스'를 출범시켰다. 12월에는 세이부와 소고 백화점을 인수해서 세계제5위의 유통업체로 부상하게 되었다. 현재 스즈키는 '세븐 앤 아이 홀딩스'의 회장으로 그룹을 경영하고 있다.

최고경영자 스즈키는 "경영은 변화에 대응하는 것이다"라고 말하는데 변화에 대응하여 장사의 기본적인 네 가지 원칙 즉 상품 구색, 신선도 관리, 청결, 친절한 서비스를 철저히 관리하여 왔다. 그는 이 네 가지 원칙을 수없이 반복하여 말해왔다. 스즈키는 청결도 매일매일 그 상태를 지속해 나가는 것이 중요하며 기본을 철저히 하는 것이 필수적이라고 생각했다. 그는 세븐일레븐의 놀라운 성공 경험을 저서를 통해 알려주었다.

고객에게 득이 되면 우리에게도 득

세븐일레븐에서는 고객의 구매심리에 대응하기 위해서는 아침과 저녁의 가맹점의 상태를 바꾸었다. 그날의 기온에 따라 품목의 판매가 달라진다는 것을 알고 항상 고객의 입장에서 생각하는 것이다. 이 회사의 직원들은 "고객에게 득이 되는 것이 반드시 우리들에게도 득이 된다"는 것을 확신했다.

세븐일레븐은 창업 이래 맛과 신선도가 좋은 식품을 제공하려고 하였다. 쌀밥류는 '3편 체제'하루에 3회 생산하여, 3회 납품하는 것로 구축한 것도 그 이유였다. 세븐일레븐에서 업계 최초로 우유의 유통기한을 문제삼은 것도 이 같은 생각에서 연유한다. 고객에게 가치 있는 것 즉 신선도와 맛이 좋은 상품을 제공할 수 있어야 한다는 것이다.

고객 편에 서서 편리함을 생각

세븐일레븐을 창업할 당시, 정월 1-2일에 가맹점을 열게 되어 상품의 납품을 부탁하러 다녔다. 모회사인 이토요카도의 간부들이나 사외 사람들은 "정말 난센스다. 장사를 모르는 인간들이 하는 짓이다"고 비웃었다. 스즈키는 "지금 생각해도 우리가 옳았다. 우리들은 고객 편에 서서 편리함을 생각했기 때문에 정월이라도 가맹점을 열어야 할 필요가 있었다."라고 말했다.

세븐일레븐에서 달걀에 날짜를 넣도록 한 일이 있었다. 이를 반대하는 의견이 있었으나, 날짜를 넣은 다음부터는 매출이 늘어서 재고로 남는 것이 적어 낭비도 줄일 수 있게 되었다. "장사에서는 어떻게 자신을 객관적으로 볼 수 있는지 아는 것이 중요하다."라고 스즈키는 말했다.

스즈키는 업무개혁에서, "절대로 거래처에 반품하지 말라"는 방침을 지시했다. 이는 상대방에 책임을 전가하는 방식으로는 서로를 신뢰할 수 없다는 것이다. 상품을 주문한 세븐일레븐이 책임을 다해야 한다는 것이다. 남은 재고의 폐기로 생기는 손실은 본부가 부담하는 특별조치를 취하여 왔다.

스즈키는 세븐일레븐 책임자들에게 상품을 시식하고 맛이 나쁘다고 생각되면 그 상품을 매장에서 제거해도 좋다는 권한을 부여했다. 고객에 대한 신용이 높아져야 생존할 수 있다는 것을 알았기 때문이다. '세븐일레븐 상품이면 절대 틀림없다'는 신용이 절대적으로 중요하다는 것이다.

이익만을 좇는 장사는 고객을 잃어

10년 전쯤에 '오전 8-9시에 제조'라고 찍힌 도시락이 당일 오전 7시에 납품된 일이 있었다. 스즈키는 납품업자와의 거래를 중단하라고 지시했다. 그는 상품의 신선도에 대해서 절대로 타협하지 않았다. 세븐일레븐은 고객을 위해서 존재하는 것이며 이 우선순위를 잘못 알면 안 된다는 것이다. "고객을 먼저 생각하는 것이 우리들 장사의 기본이다"라고 스즈키는 말했다.

스즈키는 눈앞의 이익만을 좇는 장사는 하면 할수록 고객을 잃어버리게 된다고 생각했다. 기본적인 것을 철저하게 하고, 고객의 마음을 잡는 노력을 경주하지 않는다면 가맹점은 버티지 못한다는 것이다. 처음에 세븐일레븐을 출범하였을 때, 많은 사람들이 일본에서 편의점은 정착할 수 없다고 평했다. 그런데, 세븐일레븐이 궤도에 오르는 것을 확인하자, 사람들은 "이제 편의점의 시대가 도래했다"고 떠들어대기 시작했다고 한다.

공부하고 상대방보다 깊이를 갖는 것

스즈키는 "우리가 할 수 있는 것은 기본으로 돌아가서 철저하게 하는 것이다."라고 말했다. 그에게 기본은 상품 구색, 신선도 관리, 청결, 친절한 서비스였다. 그는 방심해서는 위험하다고 생각했고 항상 긴장을 늦추어서는 안 된다고 말했다. 스즈키는 "반드시 사람을 설득하기 위해서는 자신이 공부를 하지 않으면 안 된다. 자신이 공부하고 상대방보다 깊이를 갖는 것이 매우 중요하다"고 말했다.

스즈키는 "상품의 가치가 우선이고 가격은 그 다음 문제이다"라고 말했다. 질적 측면의 우위가 구매동기를 유발하는 최대 가치라는 것이다. 그는 '품질에 대한 고집'이 대단하였다. 그는 "고객들의 니즈를 정확하게 파악해 나가는 것이 판매촉진의 비결이다"라고 말했는데, 머천다이징의 기본은 가치 있는 상품을 계속적으로 개발해 나가는 것임을 강조했다.

기본은 직원 한 사람의 마음가짐

세븐일레븐은 POS를 선구적으로 도입하였다. 어떤 경영학자는 세븐일레븐이 POS와 같은 시스템을 앞서서 도입한 것이 성공의 원인이었다고 주장하였다. 그러나 스즈키의 생각은 달랐다. 스즈키는 "POS와 같은 시스템을 도입하여도 직원 개개인이 변화의 동향에 둔감하다면 쓸모없는 것이 되고 만다"라고 말했다. 편의점의 선구적 국가인 미국에서 POS 시스템을 오래 전에 도입하였지만 결국 미국의 편의점은 도산으로 나아갔다는 것이다. 스즈키는 "기본은 역시 직원 한 사람 한 사람의 마음가짐이다"라고 말했다.

스즈키는 "현상이나 환경에 타협하는 것에서부터 회사의 멸망이 시작된다. 우리들은 항상 위기감 속에 있어야 한다"라고 말했다. 그에게는 기본 원칙을 확실하게 실천하는지 여부가 더욱 중요하였다.

경쟁상대는 고객의 변화 요구

세븐일레븐의 발주담당자들은 기후, 날씨의 변화, 간선도로변의 차량통행량 등을 면밀히 파악하여 발주에 응용해 왔다. 스즈키는 "우리의 최대 경쟁상대는 끊임없이 변화를 멈추지 않는 고객의 요구이다"라고 말했다. 그는 가맹점에 '현금자동예금지불기'ATM을 최초로 설치하였고 '공공요금의 납부서비스'를 처음으로 착수하였다. 이로 인해 세븐일레븐은 더욱 활성화되었다.

스즈키는 세븐일레븐 전체가 타성에 젖을 것을 걱정하였다. 그에게 중요한 것은 변화에 얼마나 대응할 수 있느냐와 얼마만큼 프로처럼 몰입하는가 여부였다. 일본 국내의 세븐일레븐은 1만 가맹점에 달하였다. "모든 것은 철저하게 자기 혁신을 얼마나 하느냐에 따라 결정되는 것이다"라고 스즈키는 말했다. 우리 국내의 여러 편의점들은 과연 고객들에게 진정한 가치를 제공하고 있는지 생각해 봐야 한다. 또한 편의점 본사들은 가맹점들에게 가치를 제공하여 이익을 창출하게 하는 지 생각해야 한다. 일본 세븐일레븐의 사례는 업종이나 업황의 유리함과 불리함을 떠나 진정한 가치를 창출하는 기업은 성공한다는 사례이다.

슈퍼퀸의 탁월한 가치

고객 중심주의는 놀랍게 희귀한 것

피어갈 퀸은 1936년생으로 아일랜드 최고의 소매 체인인 '슈퍼퀸'의 설립자이자 최고경영자이다. 그는 10년간 체신부장관을 역임하였고 정치가로 활동하였다. 그는 슈퍼퀸의 성공 사례를 저서를 통해 밝혀주었다.

피어갈 퀸은 "더 나은 서비스를 제공하려는 최우선 목표를 바탕으로 고객봉사를 유일한 비즈니스로 생각해야 한다"라고 말했다. 그는 두 가지 사실을 알게 되었다. "첫째, 고객 중심주의는 반드시 그만한 보상을 얻는다. 둘째, 고객 중심주의는 놀랍게 희귀한 것이다"라는 사실이었다.

퀸은 '현장 경영'을 추구하였다. 그는 소비자가 원하는 것은 진정한 변화임을 알고 있었다. 그에게 고객중심주의는 보상을 얻을 수 있는 최고의 비즈니스 기법이었다. 그에게 고객중심주의의 가장 기본이 되는 법칙은 "고객이 다시 찾게 하는 것을 가장 중요하게 생각하자"였다.

>>> 고객이 우리를 다시 찾게 해야 한다

퀸은 슈퍼에 어린아이들을 데리고 다니는 일이 고객들에게 매우 힘들다는 사실을 알았다. 그는 '슈퍼퀸 놀이방'를 만들었다. 그는 결국 매장마다 놀이방을 만들 필요가 있다는 결론에 도달하였고 상당한 돈이 들었지만 이를 실행했다. 고객들이 그의 매장을 다시 찾도록 하는 데 놀이방이 큰 역할을 하였다. 그는 사업을 장기적으로 봐야 한다고 생각했다. 그것이 결국은 이익을 얻게 된다는 사실을 확신하게 되었다.

퀸은 "고객이 우리를 다시 찾게 해야 한다. 다음에는 그 고객이 이웃에게 우리를 추천하게 해야 한다"는 것을 목표로 하였다. 그는 고객의 입장에서 느끼고 생각할 수 있어야 한다고 생각했다. 그는 자기 회사에 전화를 걸어보기도 하였다. 그의 직원들이 고객을 제대로 대우하는지 확인하였다.

핵심 열쇠는 '듣기'

퀸은 개장 시간을 고객이 원하는 시간에 열기로 결정했고 개장 시간을 변경시켰다. 그에게 중요한 것은 고객이 불편해 하고 불쾌해 하는 것을 알아야 한다는 것이었다. 퀸은 전통적인 '정육점 방식의 서비스'를 선호하였는데 일부의 고객들이 포장된 고기들을 선호한다는 것을 알게 되었다. 그래서 정육점 서비스와 더불어 일부 코너에 포장된 고기를 진열하였다. 그러자 전체 고기 매출액이 두 배로 뛰었다.

퀸은 "고객과 직접 대화를 나누어야 한다"라고 말했다. 그것이 진정한 고객의 요망을 파악할 수 있기 때문이라는 것이다. 그에게 고객과의 직접적 접촉의 핵심 열쇠는 '듣기'였다. 그는 고객의 소리에 귀를 기울이기 위한 시스템을 만들었다. 그는 환경에 대한 소비자의 인식이 커지고 있는 것을 듣게 되었다. 또한, 고객이 계산대에서 물건을 담는 일에서 스트레스를 느낀다는 것을 알게 되었다. 퀸은 물건을 담아주는 보조 직원을 계산대마다 배치하였다. 그러자 고객의 반응이 매우 좋았다.

절대 위임하지 말고 직접 해야 할 일

퀸은 "절대 위임하지 말고 직접 처리해야 할 일은 고객의 소리에 귀를 기울이는 것이다"라고 말했다. 그는 개인 시간의 절반 정도를 매장을 돌아다니며 고객들을 만나는 데 썼다. 또한 계산대에서 고객의 물건을 직접 챙겨 포장해주었다. 그는 고객과의 직접적인 접촉은 경영자만이 아니라 모든 매니저가 그렇게 해야 한다고 생각했다.

퀸은 “불만은 신속하게 해결하라”라고 말했다. 그는 무엇보다도 고객의 불만을 환영한다는 사실을 알렸다. 그는 고객과 눈을 마주치고 먼저 인사하는 것의 중요성을 강조했다. 퀸에게는 고객을 사람으로 보는 것이 고객 중심주의의 핵심이었다.

그의 회사에서 매니저들은 고객이 잘 볼 수 있는 매장에 나가 일했다. 사무실에 있을 때 전화는 최고경영자인 퀸이 직접 받았다. 그 효과는 엄청났다. 누가 전화를 걸어도 최고경영자와 쉽게 통화가 된다는 사실은 좋은 효과가 있었다.

슈퍼퀸은 1960년에 200평방미터 크기의 매장에서 직원 8명으로 시작되었다. 현재 직원은 5500명이 넘으며 매장도 4만 평방미터 이상에 달한다. 19개의 매장이 더블린 지역에 있다. 슈퍼퀸이 추구한 가치는 단순하였지만 탁월한 것이었으며 그 효과는 놀랄만한 것이었다.

노드스트롬의 탁월한 가치

고객을 위해서라면 무엇이든 하라

백화점 노드스트롬의 다른 코너에서 한 여인이 블라우스를 내던지며 발을 동동 구르는 모습을 한 점원이 목격했다. 점심을 먹으러 나가던 이 점원은 손님에게 접근하여 불만을 해소시켜 주었고 손님에게 노드스트롬에 대한 새로운 이미지를 갖게 했다. 노드스트롬이 잘 되고 있는 것은 행운이 아니라 비즈니스 방식의 문제였다. 고객 불만족을 최소화하고자 하는 직원들에게 고객 응대에 최선을 다할 것을 노드스트롬은 권장해 왔다.

"우리의 성공은 훌륭한 서비스, 다양한 상품, 공정한 가격, 성실한 노력, 약간의 행운의 결과일 뿐이다"고 최고경영자 제임스 노드스트롬은 말했다. 고객을 만족시키기 위해서라면 실제로 무엇이든 하라는 노드스트롬의 방침은 놀라운 결과를 만들어 왔다. 고객에게 봉사하고 임무에 성실하라는 것을 그들은 철저히 실행할 뿐이었다. 필자는 노드스트롬의 최고의 영업사원 패트릭 매카시의 저서와 여러 자료를 통해 이 회사의 탁월한 가치를 발견했다.

창립자 존 노드스트롬은 1896년 미국으로 이민 왔다. 1901년 존은 구두 상점을 개업했다. 1923년 두 번째 상점을 열었다. 1950년대 초반 백화점에 신발 매장을 빌렸다. 1963년 여성복 업체를 인수하여 여성 의류사업에 진출했다. 그의 사업에서 유일한 방법은 1불이라도 싸게 파는 것이었다. 1968년에 남성복 사업을 시작했다.

고객만족을 위해 헌신하라는 좌우명

차세대에게 경영권을 넘겨 준 뒤 창업자는 항상 근면할 것을 강조했다. 그는 이렇게 말했다. "게으름이 얼마나 쉽게 사업을 산산이 무너뜨리는지를 전쟁 동안에 경험했기 때문이다." 노드스트롬은 상점 지배인에게 필요한 만큼 판매사원을 고용하고 상품을 구매할 권한을 주었다. 구매 담당자들과 머천다이즈 매니저들은 항상 매장에 머물면서 판매 사원들 및 고객들과 접촉하였다. "고객만족을 위해 헌신하라"는 것이 노드스트롬의 좌우명이었다.

노드스트롬은 매장에서 일하는 사원들에게 반품을 받을 권한을 주었다. 반품정책에서 무조건적인 현금 반환을 보증하였다. 경영진은 판매사원들에게 의사결정의 자유를 주었고 그들을 존중하였다. 그것이 사원들을 열성적으로 만들며 더 많은 생각들을 이끌어낼 수 있기 때문이다. 한 고객이 노드스트롬에서 팔지 않는 타이어 세트의 반품을 요구하였다. 직원은 타이어의 가격을 묻고는 기분좋게 돈을 환불해 주었다. 이 일화로 노드스트롬은 유명해졌다. 무조건적인 현금 반환을 시행하였음에도 그 총액은 매출의 2%이내에 그쳤다. 고객을 신뢰하고 잘 대해주었을 때 고객은 그 호의를 악용하지 않았다.

고객보다 돈벌이를 더 중요시하는 잘못

노드스트롬의 점원은 "고객에게 봉사하고 친절을 베풀기 위해 우리가 여기 있는 것이지요."라고 대답했으며 고객은 만족했다. 고객에게 최선을 다하는 노드스트롬의 기업문화는 큰 경쟁력이었다. 이들은 고객보다 돈벌이를 더 중요시하는 것은 잘못이라고 생각했다. 그러함에도 노드스트롬의 평당 매출액은 업계평균의 2배였다.

이들의 좋은 서비스는 고객들에게 자신이 가치 있는 사람이라는 느낌을 주었다. 노드스트롬은 "고객은 우리 비즈니스의 유일한 존재 이유이다."라고 말했다. 노드스트롬에서는 고객이 중요하다고 생각하는 것을 실천하는 것이 진정한 서비스였다.

노드스트롬은 "환하게 비춰 주세요!"라는 고객 요구사항을 실현하기 위해 시행착오를 겪었는데 결국 밝은 형광등으로 조명을 설치하였고 고객들의 호응을 받았다. 더 많은 좌석, 더 밝은 조명, 더 넓은 탈의실, 넓은 통로 등 고객이 편안해질 수 있도록 매장을 설계하였다. 유모차가 자유롭게 이동할 수 있도록 하였다. 식당 등 부대시설을 통하여 건물 내에서 고객들의 필요를 충족할 수 있도록 하였다.

인간의 기술 즉 소프트웨어가 생존 열쇠

하루를 마감하면서 많은 사원들은 고객들에게 감사 편지를 써왔다. 노드스트롬에서 단골고객은 회사를 지탱해주는 버팀목이었다. 노드스트롬 종업원과 다른 기업의 종업원과의 차이점은 그들을 지원하는 시스템에 있었다. 노드스트롬은 광고에 쓰여질 비용을 고객의 만족을 위해 쓴다는 사실이었다.

노드스트롬에서 사전에 훈련도 하지 않고 일을 하게 만드는 것은 결코 용납하지 않았다. 서비스의 열쇠를 지고 있는 것은 직원들이라는 사실을 노드스트롬은 잘 알고 있었다. 인적 자원의 경쟁력은 다른 경쟁력보다 오래 유지되고 모방하기가 쉽지 않다는 장점이 있다. 인간의 기술 즉 소프트웨어가 생존의 열쇠가 되는 것이다. 고객에게 돈벌이보다 서비스에 최선을 다하는 노드스트롬의 문화는 탁월한 가치였다. 더욱이 이를 반드시 실행하여 왔다는 것이 다른 백화점들과 차별화하는 큰 경쟁력이었다.

chapter 10

가치는 핵심에 집중해야 나온다

탁월한 마케팅의 원리

chapter 10

가치는 핵심에 집중해야 나온다

집중하여 전력을 다해 가치를 창출해야

마케팅의 원동력이 되는 가치는 쉽게 창출되지 않는다는 사실이다. 그러므로 조직의 여러 자원을 여러 곳에 분산해서는 그 어려운 가치가 창출되기 어렵다. 자원을 집중 투입하여 전력을 다해 그 가치를 창출해야 한다. 핵심 사업에 자원을 집중 투자하는 것이 가치를 창출하는 빠른 길이라는 사실이다.

가치를 창출하기 위한 열쇠는 창조적으로 핵심 사업에 집중하는 것에 달려 있는 것이다. 필자는 크리스 주크와 제임스 앨런의 저서와 여러 자료를 통해 가치 창출에서 자원을 집중하는 것이 매우 중요하다는 것을 실감했다.

탁월했던 경영자가 쫓겨나다

얀 칼존은 1981년 적자를 내고 있던 스칸디나비아 에어라인 시스템(SAS)의 최고경영자로 취임하였다. 다음해 말부터 적자가 흑자로 반전되었다. 칼존은 1981년 8백만 불의 적자를 기록했던 회사를 20억불 매출에 7천1백만 불의 순이익을 내는 회사로 탈바꿈시켰다. 그는 탁월한 경영자로 유명해졌으며 그 스스로도 자신의 실적에 대해 크게 만족했다.

10년 이상 순이익을 내자, 1989년 4월 칼존은 새로운 경영전략을 발표했다. SAS를 단순한 항공사가 아닌 '세계적인 여행서비스 회사'로 만들겠다는 포부였다. 육상서비스를 추가하려고 하면서 인터콘티넨탈 호텔의 주식 40%를 사들였다. 그 밖의 여러 항공사와 제휴관계를 맺었다. 결합과 제휴를 통해 이루어진 세계적인 여행서비스 회사는 회사의 가치 창출에 도움이 되지 못했다. 1990년 SAS가 다시 적자로 반전되었고 여행서비스 회사도 계속 적자를 냈다. 1993년 칼존이 최고책임자의 자리에서 쫓겨나기까지 누적된 적자액은 2억 달러에 이르렀다.

신임 경영자는 SAS를 본래의 항공사 형태로 되돌렸다. 그에 따라 1994년 SAS는 다시 수익을 올리게 되었다. 뛰어난 경영자로 정평이 있던 칼존이 자원을 집중하지 못하였을 때 그는 결국 실패의 함정을 피해갈 수 없었다는 사실이다.

실패는 초점이 분명하지 못하기 때문

천재 조각가 미켈란젤로는 "넘치는 것을 없애버린다"는 것이 그의 비밀임을 밝혔다. 삶에서 무엇을 이루기 위해서는 "아니오"를 말하는 힘, 불필요한 것을 포기하는 결단력이 있어야 한다. 그래야 초점이 분명해 지고 단순함을 얻을 수 있게 된다.

사람들이 실패하는 주된 이유는 초점이 분명하지 못하고 자원을 집중하지 못하기 때문이다. 그러한 사람은 무리하게 높은 목표를 설정하는 경향이 있다. 그 결과 높은 목표로 자신에게 고행과 금욕을 강요한다. 결국은 모든 계획을 포기하게 되고 좌절하게 되는 것이다.

어느 조사에 의하면, 학생들 중 25%가 과체중이고 점점 더 많은 사람들이 식사장애를 일으키고 있는 현실이라고 한다. 이러한 문제에서 벗어나려면 과도한 기대와 실패의 악순환에서 벗어나야 한다. 너무 높게 세워놓은 목표를 현실적으로 조정해야 한다. 우리는 목표를 제한하면서 오히려 집중력을 유지할 수 있다. 매일 조금씩 향상시키는 방법이 가장 효과적인 방법인 것이다.

'극대화' 보다는 '충분함' 이 훨씬 효과

어떤 일을 추구함에 있어서 '극대화'보다는 '충분함'이 훨씬 더 효과를 갖는다. '충분함'을 추구하는 것은 절제하는 것이며 지나침을 경계하는 것이다. 단순한 것이 중요하다. 극대화를 추구하는 태도는 일벌레, 완벽주의자 등과 같은 사람들을 만든다. 일벌레, 완벽주의자들에게는 탈진상태가 흔하다는 사실이다. 극대화의 부작용을 피하고 여유를 갖는 것은 가장 중요한 것을 우선하는 것에서 출발한다. 이는 중요한 것에 집중하는 것이며 자원을 핵심 과제에 집중하여 효율을 높이는 방법이다.

완벽주의는 삶은 파괴하는 압박감을 준다. 사회에서 발생하는 자살 사건들의 상당 부분은 극한적인 상황으로 자신의 처지를 몰고 가는 약함에서 비롯된다는 점이다. 자신의 부족함을 받아들이고 허드렛일을 포기할 줄 아는 여유가 더 큰 것을 성취할 힘을 주는 것이다.

좋은 선택은 최고의 선택만을 고집하는 극대화자에게 특히 어렵다. 사람들에게 하향적인 사회적 비교는 사람들의 쾌락 온도를 높이고, 상향적인 사회적 비교는 그것을 낮춘다. 우리는 다른 집단과 비교할 때 성공적일 수 있도록 세상을 구분하려 애쓴다. 행복의 지름길은 올바른 연못을 찾아 그 안에 머무는 것이다. 돈을 많이 버는 것보다는 경쟁력을 향상시켜 장기적으로 시장에서 생존하는 것이 더 중요하다. 이는 핵심 영역에 집중하여 자신의 가치를 추구해야 한다는 것을 의미한다.

자기 차별점을 각인시키는 것이 최상

시장에서 경쟁력을 확보하려면 자기만의 차별점을 각인시키는 것이 최상의 방법이다. 가장 중요한 기초란 "다른 회사 제품을 제쳐

두고 하필 당신 회사의 제품을 사야 하는 이유가 무엇인가?"가 초점이다. 전문가들의 증언을 인용하여 자기 제품을 차별화시킬 수 있다. 제3자로부터 얻는 신용의 힘은 대단히 크다. 특별하다는 것은 독특한 가치를 가진 존재가 되는 것을 말한다.

인터스테이트 백화점은 부도가 나자 장난감에 총력을 기울이기로 하고 회사 이름도 '토이즈러스'로 바꾸었다. 토이즈러스는 장난감 업계에서 큰 성공을 거두었다. 많은 백화점들은 전문점들에게 밀려 파산하였는데 메이시 백화점도 파산 신고를 하였다. 유통업계에서 성공을 거두고 있는 회사들은 거의 모두가 전문 브랜드라는 사실이다. 전문 분야를 자기만의 차별점으로 확고히 하였기 때문이다.

매출이나 이익을 목표로 하는 것은 주범

기업에서 성장 그 자체가 가치 있는 목표가 될 수는 없다. 폴라로이드, AT&T, 엔론, 루슨트 등은 각광을 받는 대열에서 부랑아 신세로 전락해 간 대표적인 사례들이다. 매출이나 이익을 목표로 하는 것은 마케팅을 망치는 주범이 될 수 있다. 이 목표라는 것이 마케팅 과정에서 비현실성을 조장하는 위험을 갖고 있다는 사실이다. 유연해지지 못한다는 것도 목표 세우기가 야기하는 다른 문제점이다.

바슈롬은 1853년에 안과 사업에서 시작했다. 그 후 120년간 사업을 꼼꼼하게 운영하여 광학기기와 렌즈 산업의 선도기업으로 성장했다. 1970년대 중반 바슈롬은 소프트 콘택트렌즈를 만드는 방법인 '스핀 캐스팅'의 특허를 체코의 과학자로부터 얻었다. 더 부드럽고 유연한 액체 폴리머의 성질 때문에 '소프트' 렌즈라고 불리는 렌즈였다. 이 렌즈는 혁신적인 진보였으며 경쟁우위와 함께 새로운 시장을 창출했다.

바슈롬는 높은 수익을 기록하며 성장하였는데, 핵심 사업에서 다른 사업에 투자하기 시작했다. 전동 칫솔, 피부 연고, 보청기 등에 투자하기 시작하였다. 경쟁 업체들은 캐스트 몰딩과 같은 신기술을 가지고 바슈롬의 시장을 공격하게 되었고 결국 바슈롬의 콘택트렌즈 사업은 기울기 시작했다. 1973년 주당 3불에서 1991년 주당 56불까지 상승했던 주식은 주당 33불 이하로 하락했다. 존슨앤드존슨은 '비스타콘'이라는 기업을 인수하여 1회용 렌즈를 무기로 콘택트렌즈 사업에 진입하였다. 바슈롬의 시장점유율은 16%까지 떨어졌고 3위로 전락했다.

핵심 사업에 초점을 맞추어 다시 태어나

쿠크 옵틱스는 정지 화상을 위한 고품질 렌즈를 생산하는 회사로 1890년 영국에서 설립되었다. 이 회사의 렌즈는 고해상 항공사진을 찍는 데 필수적이었다. 이 회사는 렌즈 부문에서 성장하였는데, 그 후에 편집제작 스튜디오, 리조트 카지노 사업에 진입하였고 결국 침체되었다. 1998년에 쿠크를 인수한 극장 조명전문가 레 젤란은 핵심 렌즈 사업에 초점을 맞추었고 결국 핵심 렌즈 사업은 다시 태어나게 되었다.

엔터프라이즈 렌터카는 보험 보상 및 수리 임대 시장에서 70%의 시장점유율을 가지고 있다. 알라모 렌터카는 레저용 임대 사업이 핵심 사업이다. 아비스 렌터카는 공항 자동차 임대사업이 핵심 사업이다. 가장 강력한 성과를 내는 기업들은 1개 혹은 2개의 핵심 사업에서 주도적인 위치를 차지하고 있다는 사실이다.

핵심 사업에 재투자로 가치 창출

지속적으로 가치를 창출하고 성장하는 회사들은 대부분 극소수의 핵심 사업에 집중하였다. 지속적으로 가치를 창출하는 기업들 중에서 복합기업 혹은 고도로 다각화된 기업은 단 5%에 불과하다. GE는 지난 10년 혹은 100년 동안 성공을 거둔 거의 유일한 복합기업이다.

유명한 흑맥주 생산 회사인 기네스사는 사업 다각화에 착수하여 250개가 넘는 신규 사업에 신출하였는데, 그 결과 성장은 멈추었고 시장 가치는 하락했다. 기네스가 비핵심 사업들을 매각하고 본래 사업에 집중한 결과 기네스의 주가는 8년간 거의 1만 배 가까이 상승했다. 초점이 잘 맞추어진 핵심 사업에 집중할 때 가치가 창출된다. 이는 시장점유율을 높이고 수익을 증가시킨다는 사실이다.

연구결과에 의하면, 성공적인 지속적 가치 창출 기업들의 재투자율은 15.3%로 8.7%인 경쟁 기업 재투자율의 2배에 달하였다. 핵심 사업에 대한 집중과 투자는 중요하다. 인텔은 마이크로프로세서에 대한 집중과 투자를 통하여 다각화를 피하면서 집중력을 높였다. 오래 지속되는 성장 유형은 핵심 사업에 끊임없는 재투자로 변화에 대한 적응을 하는 것이다. 이는 가치 창출에 매우 중요한 요인이 된다는 사실이다.

핵심에서 가치 창출이 필수적

아리 드 호이스는 자신의 저서 '살아있는 기업'에서 북반구 기업의 평균 수명이 20년이 채 안 된다는 통계를 제시했다. 소수의 대기업들만이 20년에서 30년까지 계속해서 생존했다. '이코노미스트'는 유럽과 일본 기업은 평균 13년을 살지 못한다는 통계를 인용하고 있다.

결국, 핵심 사업에서 가치를 창출하는 능력이 생존에 필수적이라는 사실이다. 또한 환경에 적응하는 능력도 생존에 중요하였다. 가치 창출과 변화에서 요구되는 긴박감, 지속적인 헌신이 없어지게 되면 실패로 이어진다.

단순함이 결국 가장 세련된 것

핵심 가치에 집중하는 것은 쉽게 이루어지지 않는다는 사실이다. 애플컴퓨터 사장 스컬리는 "단순함이 결국 가장 세련된 것이다."라고 말했다. 존 스컬리는 자신이 말한 것과는 전혀 다른 방향으로 행동했다. 그가 출시했던 뉴턴이라는 제품은 지나치게 복잡한 제품이었다.

그러함에도 스컬리는 그 제품이 성공할 것이라 확신했다. 뉴턴은 전혀 단순하지 않았다. 그 제품은 실패했고 스컬리는 실패의 책임을 추궁 당했으며 결국 해고당했다. 비즈니스 자체는 그렇게 복잡한 것이 아니다. 핵심에 집중하여 단순해져야만 승산이 높아진다는 것이다.

쓸데없는 가정에 사로잡히지 않아

알렉산더는 20세의 나이로 마케도니아의 왕이 되었다. 소아시아에 있는 고르디우스에는 제우스 신전이 있었는데 신전 기둥에 한 대의 짐수레가 단단히 묶여 이 매듭을 푸는 사람이 아시아를 지배한다는 전설이 있었다. 알렉산더는 단칼에 그 매듭을 베어 버렸다. 알렉산더는 32세의 나이에 말라리아에 걸려 죽을 때까지 세계 최강의 제국을 이룩하였다. 알렉산더는 극히 단순하게 생각했고 쓸데없는 가정에 사로잡히지 않았던 것이다.

고르디우스의 전설에서 매듭을 자르면 안 된다는 법칙이 있었던 것은 아니었다. 법칙이 깨지지 않는 이유는 우리가 그렇다고 가정하기 때문이다. 단순해지지 않는 것은 '사고에 대한 두려움'으로부터 나오는 듯하다. 우리는 타인의 사고에 의존하는 데 길들여져 있다는 사실이다. 사람들은 생각하기를 매우 귀찮아한다. 인간이 자기의 생각을 새롭게 하고 기존의 가정을 깨뜨리는 것은 쉬운 일이 아닌 것 같다.

GE를 뛰어난 마케팅 기업으로 발전시킨 잭 웰치는 "사람들은 명확하고 정확해질 수 있다는 자신감을 가져야 한다. 명확하고 현실적인 사람들이 가장 단순하다."라고 말했다. 잭 웰치의 경영비결은 매우 단순하였다. 우선, 어느 한 분야에서 첫째나 둘째가 되는 것이 자신의 신념이라고 직원들에게 말하였다. 다음은 경계 없는 아이디어 공유였다. 포브스에 따르면 "잭 웰치의 성공비결은 일련의 반짝이는 통찰력이나 과감한 승부근성이 아니라 세부적인 것에 대한 굉장한 집중이다."라고 말했다.

너무 많은 대안이 문제

연구에 의하면, 6가지의 잼을 제시한 가게에서 실제로 잼을 구매한 사람들은 30%였던 반면, 잼이 24가지일 때 구매한 사람들은 3%에 불과했다. 6가지 초콜릿을 제시한 경우와 30가지를 제시한 경우 적은 가지 수의 경우가 많은 가지 수를 제시한 경우보다 초콜릿 맛에 더 만족했다. 요컨대 너무 많은 대안이 문제가 된다는 사실이다. 핵심에 집중하지 않고 허드렛일에 신경을 분산시키면 경쟁력이 나올 수 없는 것이다.

오늘날 시장은 치열한 전쟁터와 같다. 사실상 모든 시장은 경쟁으로 가득 차 있으며 시장에서 미개척지란 존재하지 않는다는 사실이다. 이스트만 코닥 사장은 "가장 중요한 경쟁에 관한 교훈은 기술이나 아이디어보다 사람에 의해서 성공이 이루어진다는 것이다. 뛰어난 기업은 고객의 욕구와 필요에 의해서 경영된다. 그것들은 집중적으로 훈련되고 창의력 있는 노동력으로 충족된다"고 말했다. 핵심에 집중하는 것이 모든 것의 기본이다.

차별화 아이디어는 경쟁우위의 정신적 관점이다. 차별화라는 개념 자체가 집중을 의미한다. 한 가지에 집중하게 되면 결정들이 훨씬 단순해진다. 유명한 물리학자인 에드워드 텔러는 "인생과 세상, 그리고 미래에서 단순함을 추구하는 것은 매우 값진 일이다."고 말했다. 마케팅에서 핵심에 집중하는 것은 가치 창출에서 매우 중요한 일이다. 그것이 마케팅을 즐거운 활동으로 승화시키는 요인이다.

chapter 11

작은 기업들의 탁월한 가치

탁월한 마케팅의 원리

chapter 11

작은 기업들의 탁월한 가치

움프쿠아의 탁월한 가치

은행원으로서가 아닌 소매업 사고방식

레이 데이비스는 움프쿠아 은행의 최고경영자로서 은행의 변화를 이끌었다. 그가 운영하는 움프쿠아 은행은 지난 12년간 초고속 성장을 이루어, 1994년 1억4천만 불의 자산이 현재 7백억 불 이상으로 불어났다. 1994년 60명의 직원이 1,800여 명의 직원으로 성장하였고 상장기업이 되었다. 데이비스는 그의 성공적인 경험을 저서를 통해 밝혀주었다.

수많은 경제 전문지들이 움프쿠아 은행에 대한 기사를 소개해왔다. 견실한 성장, 많은 배당금, 독특한 기업문화를 언급했다. 이 은행은 고객들에게 상품과 서비스를 판매하는 '소매업'에 종사하여 왔다. 데이비스는 직원들에게 은행원으로서가 아닌, 소매업에 걸맞은 사고방식으로 전환할 것을 요구했다.

1994년 그는 움프쿠아 은행을 맡아달라는 제안을 받았다. 그는 10년간 은행들을 포함하여 컨설팅 관련 일을 해왔었다. 데이비스는 은행 수익의 대부분이 은행 상품 판매에서 발생한다는 사실을 알고 있었다. 그는 이 은행을 다른 은행과 차별화하고 기분이 좋고 더 머물고 싶어지는 은행으로 만들고자 했다.

어떤 일이든 해낼 것이라고 말하는 사람

움프쿠아 은행의 본사가 있던 오리건 주 로즈버그에 최초의 매장이 세워졌다. 데이비스는 소매업 관련 디자인과 마케팅을 전문으로 하는 직원을 채용했다. 또한 품성이 뛰어나며 창의적인 직원들을 채용했다. 그가 찾는 사람은 에너지가 넘치며 반짝이는 두 눈으로 "나는 그 일을 해낼 수 있습니다. 어떠한 일이든 해낼 것입니다."라고 말하는 사람이었다. 새로 구성된 매장 직원을 대상으로 6주간의 훈련 프로그램을 실시했다. 은행 상품과 서비스를 충분히 숙지하고 어떤 고객의 요구라도 즉시 처리할 수 있도록 했다. 판매 기법이나 태도 등 서비스 기술을 집중적으로 교육했다.

매장은 인터넷을 할 수 있는 '인터넷 카페'와 움프쿠아의 '브랜드

커피', 투자상품을 소개하는 '투자 센터', 정보를 제공하고 은행장에게로 연결되는 직통 전화선이 있는 '서비스 센터'를 갖추고 있었다. 이 은행은 노드스트롬과 같은 유수한 소매업을 지향했다.

데이비스는 수년 동안 리츠 칼튼 호텔을 이용했었다. 리츠 칼튼의 한 직원이 "책갈피 리본을 매일 제자리에 돌려놓는 걸 깜빡해서 품질상을 받지 못했다."는 말을 했다. 그는 서비스 기준에 집중하고 그 기준에 맞추기 위해 교육에 전력을 다하는 리츠 칼튼의 시스템에서 감명을 받았다.

리더에게 요구되는 것은 정신적 끈기

데이비스는 "리더에게 요구되는 것은 정신적 끈기 즉 자기규율이다"라고 말했다. 은행 업무의 개편에서 기술부는 데이비스에게 소프트웨어의 결함이 일정 기간 안에 보완되기 어렵다는 보고를 해왔다. 그는 어떤 문제가 발생하더라도 그의 계획을 수행하는 데 절대로 뜻을 굽히지 않을 것임을 분명하게 전달했다. 얼마 후, 기술부는 그에게 전화로 "제시간에 소프트웨어 결함을 보완할 수 있다."는 소식을 전해왔다.

데이비스에게 무엇보다 중요한 것은 부하들의 시선이었다. 그는 규율은 위에서 시작되지만 그 규율이 밑에서 제대로 지켜지도록 도와야 한다는 것을 알았다. 그는 기회가 있을 때마다 책임과 원칙을 강조했다.

"사람들은 강한 확신과 자신감을 지닌 리더를 믿는다"고 데이비스는 말했다. 그는 "세계 최고의 은행"이라는 비전을 공개하였다.

중요한 것은 그와 동료들이 세계 최고가 되기를 열망한다는 그 사실이었다. 어느 고객이 "대체 무슨 생각으로 당신들이 세계 최고라고 말하는 겁니까?"라고 물었다. 데이비스는 "중요한 것은 우리가 최선을 다해서 여러분을 모신다는 점입니다."라고 대답했다.

결정적인 요인은 실행하는 능력

데이비스는 "훌륭한 선수는 긴장을 늦추지 않는다"고 말했다. 움프쿠아 은행은 40여 년의 역사를 지니고 있다. 직원들에게 변화는 자기 성장의 충족감, 번영의 확신, 성취의 기쁨, 무언가 굉장한 것을 만든다는 자긍심을 불러왔다.

데이비스는 리더는 현장에서 무슨 일이 일어나고 있는지를 알아야 한다고 생각했다. 그 방법은 누군가가 그에게 그것을 말해주도록 만드는 것이었다. 그는 실시간 피드백을 전달해주도록 직원들을 교육했다. 데이비스는 "결정적인 요인은, 바로 아이디어를 실행하는 능력에 있다"라고 말했다.

그는 상황을 치밀하게 점검하고 조사하여 직원들로 하여금 책임감을 부여하였다. 그 결과, 직원들은 고객들이 기다릴 때 음료수를 나누어주는 일, 일이 지연되는 것에 사과하고 사과의 의미로 어떤 보상을 해주는 일, 고객들의 자동차를 닦아 주는 일 등 할 수 있는 일을 해주었다.

각자의 자기계발을 위한 필요한 일

데이비스는 움프쿠아 은행이 노드스트롬 백화점의 직원처럼 자율적으로 서비스 정신을 발휘하기를 원했다. 그 백화점이 바지를 수선하지 못한 경우에 데이비스에게 새 바지 하나를 더 보내준 경우도 있었다. 데이비스는 노드스트롬 백화점의 서비스의 탁월함에 착안하여 은행의 서비스를 높은 수준으로 올리고자 하였다.

데이비스는 "모든 문제의 본질은 사람에게 있다"고 말했다. 그는 다양한 분야의 글을 읽으며 다른 분야의 사업에서 많은 것을 배웠다. 움프쿠아 은행에서는 매달 정기적으로 관리자들이 직원들을 가르쳐왔다. 이는 각자의 자기계발을 위한 필요한 일이기도 하였다.

무엇이라도 할 열정이 있어야

데이비스가 생각하는 인재의 조건은 "나는 무엇이라도 할 준비가 되어 있다"는 열정이 있어야 한다는 것이다. 이 은행은 '오리건 비즈니스 매거진'이 선정한 '일하기 좋은 기업100'에 지난 10년간 9차례 이름을 올렸고, 2004년에는 오리건 주에서 '가장 일하기 좋은 기업 1위'에 선정되었다. 이 은행은 직원들 스스로 서비스 품질에 가치를 부여하는 데 초점을 맞추었다.

지난 5년간 이 은행 주식의 연평균 성장률은 27%였다. 이 은행의 직원들에게는 1년에 40시간의 유급 자원봉사 활동이 장려되었다. 직원들은 2005년에만 2백여 개가 넘는 비영리 단체와 공립학교에서 1만2천 시간 자원봉사 활동을 했다.

움프쿠아 은행은 윤리를 매우 중시하여 왔다. 데이비스와 임직원들은 금융업계에 만연된 규칙을 깨트리고, 규율과 긴박감과 성실성을 창조해내며, 필요한 변화를 만들어내는 데 집중하였다. 이 은행을 차별화하는 핵심 전략은 고객에게 특별한 체험을 안겨주는 데 있었다. 데이비스가 가장 먼저 시도했던 일은 은행에 들어서는 고객에게 직원들이 인사를 하게 만드는 일이었다. 규율은 단순했다. 매장 직원들이 모두 순서를 정해 문 앞에서 인사를 하게 하는 것이었다.

고객 서비스를 가장 중요한 업무로

그는 질 높은 서비스를 제공하기 위해서 고객 서비스를 가장 중요한 업무로 정해야 한다는 사실을 깨달았다. 이 은행은 고객이 요구하는 모든 일을 처리할 수 있게 교육을 실시했다. 데이비스는 직원들에게 "고객에게 판매보다 특별한 서비스를 제공하라"고 주문했다.

데이비스는 균형을 유지하기 위해 고객, 직원, 주주, 지역사회라는 네 가지 이해관계자를 신중히 고려하였다. 이 은행은 2004년부터 직원들의 봉사활동을 장려하고자 유급 휴가제를 실시하기 시작했다. 이 은행은 정도에서 벗어나지 않는 것을 원칙으로 한다. 데이비스는 성장을 위한 성장은 위험하다는 것을 알고 있었다. 그는 가치를 창출하는 은행이 되려면 긴박감, 집중, 강렬함 세 가지가 필요하다고 강조했다. 데이비스가 추구한 탁월한 가치는 이 은행이 탁월한 은행으로 나아가는 데 절대적으로 필요한 것이었다.

회사의 세 가지 핵심 가치

안철수연구소의 최고경영자로 일했던 안철수는 1962년 부산에서 태어나 서울대 의대를 졸업하였고 서울대 대학원에서 의학박사, 미국 펜실베니아 와튼스쿨에서 기술경영학 석사학위를 취득하였다. 그는 (주)안철수연구소의 대표이사으로 일했었다. 현재 그는 대학에서 요직을 맡고 있다. 안철수는 경영자로서의 경험을 저서를 통해 밝혀주었다.

군의관 제대 후인 1994년에 안철수는 결국 컴퓨터를 선택하였고 의학자의 길을 포기했다. 그는 '핵심역량과 관계되는 분야가 아니면 투자하지 않는다'는 원칙을 지켰다. 안철수연구소는 세 가지 핵심 가치를 가지고 있었다. "자신의 발전을 위해 끊임없이 노력한다. 존중과 신뢰로 서로와 회사의 발전을 위해 노력한다. 고객의 소리에 귀 기울이고 고객과의 약속은 반드시 지킨다."였다.

개인적 가치 세 가지

안철수는 "우리에게는 뜨거운 가슴과 차가운 머리가 필요하다"라고 말했다. 그에게 가장 중요한 것은 가치관이었다. 그의 가장 중요한 가치관은 '성실, 정직, 끊임없이 공부하는 자세' 세 가지였다. 다른 사람과의 관계에서도 그 나름의 원칙을 가지고 있었다. 그것은 "차별을 하지 않고 능력을 중시한다. 다른 사람의 의견을 존중하고 각자의 다양성을 인정한다"는 등의 몇 가지 원칙이었다.

그는 "동료와 다른 사람을 배려하는 마음은 중요하다"라고 말했다. 이는 시간 지키기와 인사하기에서 나타나야 한다는 것이다. 그에게 학습은 매우 중요하였다. 지식만을 위한 학습이 아니라 자신이 틀릴 수도 있다는 것을 자각하는 것이 학습하는 사람의 특징이라는 것이다.

책을 읽음으로써 스스로 깨닫게

안철수는 진정한 전문성을 갖추기 위해서는 다섯 가지 즉 "첫째, 지식 둘째, 끊임없이 공부하는 자세 셋째, 창조력 넷째, 문제해결 및 개선 능력 다섯째, 고객지향성"을 필수라고 생각했다. 그는 "나는 공부를 하면 할수록 자신이 얼마나 모르는 것이 많은지를 실감하게 된다"라고 말했다. 그는 학습의 요체를 알고 있는 것 같다. 학습이 정신력과 실력의 원천이 된다는 사실, 자신의 무능과 어리석음을 자각하는 중요한 과정이라는 것을 그는 깨달았다.

그에게 삶을 살면서 중요한 것은 '무엇을 했느냐'가 아니라 '어떻게 살았느냐'인 것이다. 그는 바둑을 배울 때 우선 바둑책을 50권정도 사서 읽었다. 막상 대국을 시작해 보니 책으로 읽은 지식은 소용이 없는 것 같았다. 그러나 실전에서 판을 거듭할수록, 읽고 외웠던 지식들이 조금씩 응용되기 시작했다는 것이다. 안철수는 좋은 책을 만나면 밤을 새워가며 읽는다고 한다. 책을 읽음으로써 스스로 깨닫게 해준다는 점을 그는 알고 있었다.

자체 기술개발에 주력

1997년6월 맥아피는 실리콘 밸리에 있는 본사로 안철수를 초청했다. 맥아피는 바이러스 백신인 '스캔'이란 제품으로 유명했다. 맥아피의 빌 라슨 회장은 "백신V3를 우리한테 파시오. 당신 회사를 인수하는 조건으로 1천만 달러를 지불하겠소."라고 그에게 말했다. 그는 거절했다. 그러나 인수제의는 거절했어도 영업부문에 대해서만은 그들과 업무제휴를 맺었는데 그 업무제휴도 그들의 일방적인 해지 통고로 무산되었다.

안철수는 자체 기술개발에 주력한 것이 결과적으로 회사를 지속성장시키는 큰 힘이 되었다는 것을 알게 되었다. 안철수연구소는 1998년 토털V3안티바이러스 솔루션을 완성했다. 1998년 연구개발에 초점을 맞추었고, 1998년 최초로 수억 원대의 순이익을 올렸다. 4세대 백신 V3Manager는 1998년에 출시되었는데 네트워크에서 공유하고 네트워크에서 관리할 수 있는 제품이었다. 이 제품은 1천명 규모의 회사에서 내놓는 제품과 동시에 시장에 내놓았던 것인데 안철수연구소는 20명의 회사였다.

1999년4월 CIH바이러스 대란이 일어나 지속적인 백신의 업데이트가 필요하다는 사실이 매스컴을 통해 강조되었다. 전화 상담 외에 복구서비스도 필요하였는데 업무량 폭주로 직원들이 엄청나게 고생했다. 이에 대한 대비가 부족하였다는 사실이다. V3가 중국 공안부의 인증을 받았다.

안철수연구소는 CIH바이러스로 손상된 메모리를 복구하는 기능을 세계최초로 개발하였다는 회사보다 보름 앞서 개발에 성공했다. 바이러스 대란으로 1999년의 경우 시장이 4배나 커졌다. 안철수연구소는 국내 시장에서 부동의 1위를 차지했다. 1999년 연매출 100억 원을 돌파했다. 1999년5월부터 소프트웨어 불법복제 단속이 강화되었기에 매출에 도움이 되었다.

핵심가치가 있어야 돈을 벌 수

안철수는 2000년에 그가 소유한 주식을 무상으로 직원들에게 주었고 증여에 대한 세금도 직원들이 부담하지 않도록 했다. 그는 보안컨설팅 분야를 추가로 사업부문으로 하였다. 2000년에는 인터넷 사업부문이 추가되어 인터넷에서 다운로드 방식으로 백신 프로그램과 보안 프로그램 제품을 판매하였다. 2000년에는 본격적으로 해외로 진출하기 시작했다. 일본의 경우 1차로 5억 원의 매출을 올렸다.

돈은 그의 회사의 생존에 필수적이었다. 그러나 핵심가치가 있어야 돈을 벌 수 있다는 사실을 안철수는 깨달았다. 안철수연구소의 핵심가치는 세 가지였다. 안철수는 사욕을 위해 회사를 이용하는 사람에 대해 아주 엄정하였다. 그는 기업 이미지에 그리 신경쓰지 않았다. 내실과 성실이 있으면 된다는 것이 그의 생각이었다. 그에게 공정한 분배는 원칙에 철저하게 근거해야 하였다.

기술보다 인간우위를 주장

그의 회사에서 '정직'은 매우 중요한 가치였다. 공정함이 보장된 시스템과 최고경영자의 솔선수범은 필수적이었다. 안철수는 "기업이 가장 정직해야 할 부문은 고객과의 약속을 지키는 일이다"라고 말했다. 그는 고객 주주에게도 진실만을 알리겠다는 것 즉 절대 부풀리지 않겠다는 결심을 했다.

그는 영리하고 빠른 조직보다는 느리더라도 건강한 조직을 선호했다. 기본을 중시하는 태도가 자리해야 한다는 것이다. 안철수는 기술보다 인간우위를 주장했다. 이는 기업은 돈 버는 것 이상의 숭고한 의미가 있다는 것이다. 고용창출, 자아만족, 사회공헌도 중요하였다.

물질적인 것보다 정신적인 성취감

안철수는 "진정한 인재는 물질적인 성취감보다 정신적인 성취감을 앞세우는 사람이다"라고 말했다. 건강한 생각도 인재의 조건이며 업무능력은 다음 문제라는 것이다. 그는 직원들과 한 약속을 반드시 지켜야 한다고 생각했다. 그것이 신뢰의 매우 중요한 요소이기 때문이다.

"가장 중요한 것은 사람의 문제이다"라고 안철수는 말했다. 그는 벤처기업가는 초심을 잃지 말아야 한다는 사실을 명심하고 있었다. 더 큰 성공에 대한 조급한 마음도 금물이라는 것이다. 그는 "스스로 자신의 질을 높여가는 것이야말로 의미있는 것이다"라고 말했다. 그는 가장 경계해야 할 상대는 자기 자신이라고 생각했다.

언제든지 망할 수 있다

안철수는 책을 많이 읽었는데 세상에는 다양한 사람들의 다양한 삶이 있다는 것을 이해하게 되었다. 이는 "나는 옳고 너는 틀리다"

는 일방적인 단정을 경계하게 해주었다고 한다. 그는 자기의 부족함을 늘 인식하고 살기 때문에 문제가 생길 때 남보다 두세 배 더 많은 시간을 보낼 각오를 한다고 말했다. 안철수는 공부는 하면 할수록 사람을 겸손하게 만들어준다고 믿었다. 자만은 실패의 지름길이라는 것을 그는 잘 알고 있었다. 늘 공부하는 자세를 잃지 않아야 자만의 함정에 빠지지 않게 된다는 것이다.

안철수는 "우리 회사는 언제든지 망할 수 있다"는 말을 자주하는 편이었다. 이는 자기경계의 의미도 있으며 자족하는 순간 실패가 시작되기 때문이다. '공부'는 그에게 근원적인 즐거움을 주는 것이었다. 그는 집중을 하면 무아지경에 빠지는 스타일이라고 말했는데 집중력은 회사의 생존 전략을 세우는 데 큰 도움이 되었다. 그는 원칙에 입각해서 판단하고 행동하는 것은 결국 성공을 보장하는 것이라고 생각했다. 안철수가 성공한 것은 그의 기술적 능력보다 탁월한 가치를 추구한 그의 집념에 있었던 것이다.

chapter 12

행복의 본질을 아는 마케팅

탁월한 마케팅의 원리

chapter 12

행복의 본질을 아는 마케팅

행복의 본질은 어떤 보람을 추구할 때

존 스튜어트 밀은 “자신의 행복이 아닌 다른 목표를 추구한 사람만이 실제로 행복을 얻을 수 있다.”라고 말했다. 1980년 라인홀트 메스너는 세계등반 역사에 가장 눈부신 금자탑을 쌓았다. 가장 오르기 어렵다는 티베트 쪽 루트를 혼자서 산소 마스크도 없이 에베레스트 정상을 밟았던 것이다. 메스너가 행복을 얻기 위해 선택한 길은 고난의 길이었고 가장 힘든 루트를 정복하는 일이었다. 그가 행복을 얻기 위하여 선택한 것은 편한 길이 아니라 거꾸로 힘든 길이었으며 이는 그에게 행복을 실감하게 해주었다는 사실이다.

심리학자 미하이 칙센트미하이는 사람의 몰입 상태를 '인생 최고의 순간'으로 묘사하였다. 자녀를 보살피는 일은 고단한 일이지만 실제로는 행복을 가져온다는 사실이다. 행복은 객관적인 상황보다는 개인적인 성취의 문제이며 발견의 문제이다. 행복의 본질은 행복을 추구하는 것이 아니라 어떤 보람을 추구할 때 얻어진다는 것이다.

이윤보다 가치에 헌신함으로써

제약회사인 존슨앤존슨은 "우리의 첫 번째 책임이 ...모든 이를 돌보는 것이라 믿는다. ..... 우리가 이런 원칙에 따라 운영하면 주주들의 높은 수익률은 실현될 것이다"라고 '신조'를 밝히고 있다. 이는 이윤을 추구하는 것보다 가치에 헌신함으로써 결과적으로 이윤을 얻는다는 것이다. 그것이 실제적으로 효과적이라는 사실이었다.

잭 웰치는 은퇴한 지 10년이 지나 주주 가치에 집착하는 기업들에 일침을 가했다. 그는 "주주 가치는 세상에서 가장 어리석은 개념이다"라고 말했다. 웰치는 기업이 고객에게 뛰어난 가치를 제공하는 것이 우선적임을 알았던 것이다.

출세와 부와 명예를 추구한 결과

성공한 모험가인 로버트 클라이브는 1760년에 35세의 나이로 영국에 돌아왔다. 그는 인도를 유린했던 모험가였다. 클라이브는 남작 작위를 받았고 상상을 초월한 부를 쌓았다. 그는 인도로 돌아가 동인도회사의 벵골 지배를 확고히 했다. 하지만 동인도회사의 숱한 부패에 관여했다는 비판을 견디다 못해 1774년 자살하고 말았다. 클라이브는 자신의 출세와 부와 명예를 추구하였지만 그 결과는 비참함으로 끝났던 것이다.

미국 초창기 시대에 최고의 갑부 헤티 그린은 탁월한 투자로 엄청난 부를 쌓아올렸다. 그린은 돈에 집착하였으며 지독한 구두쇠였다. 그는 아들의 다리가 감염되었는데도 아들의 치료에 드는 돈을 아끼려고 애썼다. 결국 그의 아들은 다리를 절단하게 되었다. 그가 추구한 부의 증식은 더 큰 희생의 원인이었다.

탐욕이 파멸의 원인

1980년대 악명 높은 기업 사냥꾼 이반 보에스키에게 돈은 인생의 모든 것과 같았다. 그는 투자자들에게 수익의 45%를 서비스 대가로 부과하겠다고 제시했다. 보에스키가 돈을 잃을 경우, 투자자들이 손실의 95%를 부담하도록 되어 있었다. 그는 비공개 정보를 입수하여 주식을 매매하였는데, 결국 보에스키는 파산했다.

그는 "나는 탐욕이 건전하다고 생각한다"라고 말했다. 이 말을 한 지 얼마 지나지 않아 보에스키는 내부자 거래혐의로 감옥에 투옥되었다. 가치를 추구하는 것보다 돈을 우선적으로 추구하는 것은 파멸을 촉구하는 원인이 되었다. 돈을 사랑하는 것과 사업에서 가치를 추구하는 것은 전혀 다르다는 사실이다.

그리스 민주제도의 기초를 놓은 솔론은 "잘 죽기 전까지는 어느 누구도 행복하다고 자신할 수 없다"라고 말했다. 성공적인 비즈니스맨은 단지 돈을 버는 것이 아니라 사업을 통하여 의미를 추구하며 행복한 삶의 길을 가려는 사람인 것이다. 마케팅에서 행복을 추구하는 사람들은 바로 이러한 것을 깨닫고 있는 사람들이다.

승리가 아니라 과정의 가치

크리켓 선수 에드 스미스는 "무슨 수를 써서라도 이겨야 한다는 압박감과 불안감을 떨쳐내고 자기 발견의 여행을 즐기면 더 많이 이길 수 있다"라고 말했다. 요컨대 승리가 아니라 과정의 가치를 중시할 때 더 많은 즐거움을 얻을 수 있다는 것이다.

기업의 가치는 일에 대한 보상을 제공하고, 사회에 기여하는 것이다. 최근 세계 대기업들을 대상으로 실시한 조사에 의하면, 천여 명의 회장과 2천여 명의 부회장, 수천여 명의 사장이나 임원들이 미국육군사관학교를 졸업한 것으로 나타났다. 육군사관학교는 책임감을 중시하며 시간과 규율엄수, 정직함, 강인함과 같은 중요한 가치들을 교육해 왔다.

비즈니스에서 성공의 핵심 요소는 바로 책임감이다. 책임감이 강한 사람이 실행력도 우수하다는 사실이다. 연구에 의하면, 세계 일류의 기업들은 공통적으로 '성실함이 첫째요, 머리싸움은 차후의 일이다.'라는 가치를 실천하는 기업들이라고 한다. 마케팅에서 방법이나 수단은 부차적인 것이며 행복의 본질을 추구해야 한다.

그것이 가장 뛰어난 가치를 창출하며 성공의 기반인 것이다.

부에 대한 탐욕에서 벗어났다

임상옥은 1779년 정조3년에 평안도 의주 장사꾼 집안에서 태어났다. 그는 1796년에 상업에 입문하였고, 그의 아버지는 역관이었다. 당시 역관들은 상당한 부를 축적할 수 있었다. 임상옥은 1810년 32세에 국경지대에서 인삼독점권을 얻어냈다.

임상옥은 연경상인들의 불매운동을 깨뜨리고 원가의 수십 배에 달하는 가격으로 인삼을 팔았다. 임상옥은 단지 폭리를 추구하는 모리배가 아니었다. 임상옥은 "재물은 평등하기가 물과 같고", "사람은 바르기가 저울과 같다"는 말을 남겼다. 재물이 물과 같이 흘러서 경제가 균형을 이루면 모두가 만족하게 된다는 것이며, 사람은 정직해야 한다는 것이다. 이는 그가 부에 대한 탐욕에서 벗어났다는 것을 암시하는 것이었다. 그가 사업에서 얻은 이익을 어떻게 사용했는가를 보면 그가 추구한 가치를 알 수 있다.

1811년 홍경래의 난이 일어났을 때 임상옥은 의주성을 지킨 공로를 인정받았다. 1832년 54세에 임상옥은 사업을 통해 번 많은 재물로 자선사업을 벌였다. 그는 그 공로를 인정받아 곽산군수에 임명되었다. 임상옥은 1835년 군수보다 높은 지위인 구성부사로 임명되었다. 1837년 59세에 임상옥은 사업을 모두 정리하여 빈민을 구제하면서 여생을 보내기로 결심하였고 실천했다. 그는 천수를 누렸고 1855년 77세에 생을 마감하였다.

마케팅에서 행복한 사람들

마케팅에서 행복한 사람들은 생산적인 사람들이다. 그들은 최대한의 능력을 발휘할 수 있는 자유를 중시한다. 이들에게 변화에 대한 개방성은 중요하다. 이들은 자신의 가치를 향상시키기 위한 훈련과 학습을 중요하게 생각한다.

일중독은 행복한 사람들의 특징이 아니라는 사실이다. 일중독에 걸린 일벌레들은 대부분 공격적이고 내부에 적개심을 갖고 있다. 이들은 다른 사람들도 혹사시키며 고집이 세고 화를 잘 내며 독선적이고 불안감을 갖고 있다. 일벌레들은 변화에 대해 크게 저항한다. 그러기에 시장의 변화에 이들이 대응하지 못하는 것은 당연한 것이다.

일벌레들은 일을 너무 심각하게 생각하는 사람들이다. 이들은 마케팅을 작업으로 생각하며 생각의 공간을 줄임으로써 자신의 진정한 자유를 제한해 왔다. 이들은 일만하고 유머감각이 없는 무감정주의자가 되는 것이다. 이들은 부하에 대한 불신감이 통제욕과 결합하여 완벽한 복종을 요구한다. 일종의 병리현상이다.

관조하고 여유 있게 대하는 마음

건전한 자기도취는 인간으로서 필요하다. 자기도취는 양면성을 가지고 있으며 성공에 큰 기여를 할 수 있는 반면, 자신이 원하는 것만을 선택하기도 한다. 일을 게임으로 보고 행복의 원천으로 활용하는 사람만이 만족할 줄 안다. 이들은 마케팅에서 행복의 본질을 발견할 수 있으며 자신을 관찰하고 분석할 수 있는 사람들이다.

자신의 가치 향상에 자신을 성찰하는 자세는 매우 중요하다. 더욱이 치열한 마케팅 시장에서 자신의 충동을 억제할 수 있는 능력 즉 자기 통제력이 매우 중요하다. 마케팅의 치열함을 고역으로가 아니라 관조하고 여유 있게 대하는 마음이 행복의 원천이 되는 것이다.

chapter 13

여행 관련 기업들의 가치

탁월한 마케팅의 원리

chapter 13

여행 관련 기업들의 가치

로젠블러스의 탁월한 가치

직원을 우선시해야 한다는 신념

헬 로젠블러스는 로젠블러스 인터내셔널을 세계3위의 여행사로 키운 뛰어난 경영자였다. 그는 25년도 넘게 일해오고 있었다. 그가 경영하던 지난 25년 동안 로젠블러스의 매출은 2천만 달러에서 62억 달러로 증가했고 수익성은 업계 평균치를 상회했다. 비결의 중심에는 “회사는 고객보다 직원을 우선시해야 한다”는 기본 신념이 있었기 때문이다. 헬 로젠블러스는 자신의 경험을 저서를 통해 밝혀주었다.

로젠블러스는 헬 로젠블러스의 증조부가 1892년에 설립하였다. 이 회사는 필라델피아에서 가장 크고 튼튼한 여행사가 되었다. 로젠블러스는 1974년에 입사하였는데 대학을 갓 졸업한 22살이었다. 그는 부정적 역할모델로부터 많은 것을 배웠다. 첫째, 절대 독불장군이 되어서는 안 된다는 것이다. 둘째, 그의 곁에 있는 사람은 친구라는 것이다. 친구는 친구가 주저앉도록 절대 내버려두지 않는다는 것을 그는 명심했다.

직원들에게 초점을 맞추는 것이 기본

로젠블러스는 두 가지 필수사항을 기본으로 삼았다. "첫째, 우정이 싹트는 환경을 조성할 것. 둘째, 친절한 사람만 채용할 것"이었다. 직원을 우선시할 때 그 결과는 굉장하였다. 그의 부서원들은 행복했고 만족했고 뛰어난 능력을 보여주었다. 직원들에게 초점을 맞추는 것이 가장 기본이 된다는 사실이었다.

로젠블러스 인터내셔널은 비공개 회사이며 5개 부문의 주요 사업을 운영하고 있는 여행관리회사이다. 기업여행, 모임 및 동기관리, 레저 여행, 온라인 에이전트, 고객의 고충을 처리하는 서비스 부문 등으로 이루어졌다. 그 중에서 기업여행 부분이 여행 매출의 95%를 점하였다. 기업 고객으로 1,500개 기업을 관리하고 있으며 5,300명이 넘는 직원들이 있다.

이 회사에서 새로운 직원은 직속 상사와 함께 일하면서 첫날을 보낸다. 환영 회식이 마련되고 새로 온 동료를 따뜻하고 편안하게 맞아준다. 임원들을 신입사원들에게 차를 대접하면서 그들을 환영한다는 인사를 한다.

고객을 위해서 직원에게 초점을

직원들이야말로 최강의 자산이라는 것을 로젠블러스는 깨달았다. "어려울 때 퇴출하지 않는다"는 약속이 이루어지면 직원은 최고의 자산이 된다는 것이다. 그는 고객을 최상으로 섬기려면 먼저 직원부터 잘 모셔야만 한다는 것을 알았다. 로젠블러스는 "회사가 직원을 최우선으로 생각하면, 직원도 회사의 고객을 최우선으로 생각할 것이다"라고 말했다.

이는 고객을 위해서 직원에게 초점을 맞추라는 것이다. 그렇게 하면 모두가 승리하게 된다고 로젠블러스는 확신하였다. 이 회사의 간부들은 직원들과 함께 보내는 시간을 업무 중 가장 중요하게 생각해야 하였다. 이 회사에서 '직원의 날'에는 최고경영자인 로젠블러스가 읽은 서류, 걸려온 전화, 고객 방문, 면담 등 모든 것이 직원과 함께 공유하였다. 예외인 것은 인사 문제뿐이었다.

로젠블러스는 중간 간부들을 한 사람씩 주기적으로 만나기 시작했다. 그는 직원들이 행복한지 확인해야 하였으며 12년 전에 '행복 측정단'이라는 포커스 그룹을 조직했다. 그는 직원들과 커뮤니케이션을 원활하게 되기 위해 음성메일 프로그램, 이메일, 제안 제도 등을 도입하였다.

>>> 사업만큼 직원 삶에도 신경을

로젠블러스는 회사는 사업에 노력하는 만큼 직원의 삶에도 신경을 써야 한다고 생각했다. 그는 '직원지원 프로그램'을 만들었고 직원들의 사기, 애사심을 높여 무단결근과 이직률이 감소되도록 노력했다. 또한 회사의 정기적 기부금과 직원들의 자발적 헌금을 바탕으로 직원들을 돕는 마련을 하였다.

로젠블러스는 '격식과 규칙보다는 안락함과 즐거움이 생산성을 더욱 높인다는 사실'을 알게 되었고 청바지 차림으로 출근하는 날을 마련했다. 또한 교육과 여흥을 목적으로 한 '친화여행'을 실시하여 왔다. 이직, 무단결근, 무관심, 무기력 등은 직장에 행복이 없을 때 빈번하게 발생한다는 것을 그는 알고 있었다.

로젠블러스에서는 직원이 최우선이고 그 다음이 서비스와 이익이라는 것이다. 가장 중요한 일은 친절한 직원을 발굴하는 것이었다. 이 회사에서는 학위보다 친절한 관심, 동정심, 이타심이 더 중요하였다. 간부들은 직원들의 표상으로 모범이 되어야 하였다. 로젠블러스는 긍정적인 태도를 가진 친절한 직원은 자기 역량을 높일 수 있다는 것을 확신하였다.

>>> 전자상거래에서 사람은 너무나 중요

로젠블러스는 전자상거래가 성공하는 비결은 인터넷 측면이 아니라 정서적 측면인 정서적 교역이라고 생각했다. 전자상거래에서 사람은 너무나 중요하다는 것이다. 이 회사에서 절대 용납하지 않는 사람은 세 가지 유형이었다. 정치적인 사람, 이기주의자, 무임승차자 등이었다. 정치적인 사람은 남들을 희생시켜 출세하려고 한다. 이기주의자는 자신의 이익만 찾는다. 무임승차자는 공짜를 추구하는 사람이다.

이 회사가 채용한 사람들은 전문성을 갖추어야 하였다. 로젠블러스는 교육 프로그램에 관심을 갖고 있었다. 그는 배우는 데서 즐거움을 느껴야 하며 학습은 마음가짐이라고 생각했다. 변화는 새로운 것을 배우는 동기가 되어준다고 그는 생각했다. 이 회사에서 교육은 장기적 투자이며 연교육비는 1천만 달러가 넘었다.

이 회사의 공식 하나는 '서비스=태도+예술+과정'이었다. 직원이 휴식이 필요하거나 과로를 느낄 때는 자리를 비울 수가 있고, 다시 전화를 받을 준비가 되면 제자리로 복귀하였다. 높은 수준의 서비스 회사를 만드는 비결은 끊임없이 전진하는 것이라고 로젠블러스는 생각했다.

가치를 추구하는 회사들은 망하지 않는다

로젠블러스는 "새로운 가치를 끊임없이 추구하는 회사들은 결코 망하지 않는다"고 말했다. 그는 최고의 것을 추구하는 새로운 욕망, 즉 친절한 사람, 좋은 품질, 윤리, 신용 등도 수반되어야 한다고 생각했다. 2001년9월11일에 끔찍한 테러 사건이 발생하였다. 그는 사업을 성공시키는 세 가지 요소는 속도, 감정, 신용이라고 늘 생각해왔다.

많은 항공사들과 여행사들이 문을 닫아야 하였다. 이 회사는 일시적인 적자에서 흑자로 돌아서자 2002년1월1일에는 임금삭감을 폐지하였다. 또한 이미 200명 이상의 해고된 직원들을 복직시켰고 해고된 직원의 70% 이상을 다시 불러들였다. 최고의 가치가 무엇인가를 알고 실천하는 이 회사는 건실하게 생존하고 있다.

사우스웨스트의 탁월한 가치

잘 하도록 격려하고, 동기를 부여하는 문화

사우스웨스트 최고경영자 켈러허는 회사의 성공의 최대 장애물이 "자기 자신, 현실 안주, 탐욕, 이기심"이라고 경고했다. 사우스웨스트항공에서 13년간 재직했던 리비 사틴은 "지속적인 학습이 장래성과 가능성의 진정한 원천이라는 사실이며 독서야말로 평생교육의 핵심이다"라고 말했다. 필자는 리비 사틴의 저서와 여러 자료를 통하여 사우스웨스트 성공의 원동력을 알게 되었다.

지속적으로 우수한 경영실적 덕분에 사우스웨스트항공은 수많은 교수들과 컨설턴트들의 질문을 받았는데 그들은 '총체적 품질경영, 리엔지니어링, 6-시그마, 탄력근무제, 가족친화적 문화' 등의 단어를 늘어놓으며 질문했다. 사우스웨스트 담당 책임자는 이들에 대해 대답이 계속 "노"뿐이었다. 그는 "단지 사람들이 계속해서 일을 잘 할 수 있도록 격려하고, 동기를 부여하는 문화를 만든 것 뿐"이라고 대답했다. 사우스웨스트는 직원들이 일을 잘 할 수 있도록 훈련했고 더 좋은 교육의 기회도 제공했다는 사실이다.

고객 유지가 핵심 가치이고 직원이 제1순위

사우스웨스트항공의 허브 켈러허 회장은 변호사이면서도 규정대로 일하는 방식을 거부하는 것을 자신의 원칙으로 정하고 있었다. 이 회사의 많은 행정직원들은 시중의 수준보다 20% 정도 낮은 급여를 받았다. 2001년9월11일 이후 수많은 경쟁사들이 불황을 겪고 수만 명의 직원들을 해고해야 했을 때, 사우스웨스트항공은 한 명도 해고하지 않았다. 사우스웨스트항공의 경영진은 규정보다 상식을 중요하게 생각했다.

이 회사의 경영진은 분기 중 하루는 고객 업무 즉 티켓 창구, 가방을 싣고 내리는 일, 예약 창구 등에서 일해야 하였다. 이 회사에서 고객을 유지하는 것은 핵심 가치였고 직원을 제1순위 고객으로 간주하여 중시하였다.

사우스웨스트는 '미국에서 일하기 좋은 100대 기업'의 명단 중 4년 연속 10위 안에 올랐다. 이 회사의 '웨이' 기장은 사고를 당했을 때 비상착륙을 성공시킨 공적을 세웠다. 그가 본사에 왔을 때, 임원들은 임원회의를 중지하고 그를 환영하고 축하하는 의식을 거행했다. 웨이 기장은 "내가 영웅이 아닙니다. 우리 '사람부서'가 매우 높은 채용기준을 새웠고 훈련시켰으며 정비 담당자와 비행조종지원부서가 제대로 일해 주었기 때문에 성공적 착륙이 가능했던 것입니다."라고 말했다.

>>> 차별화할 수 있는 것은 오직 직원뿐

컨티넨탈 항공의 최고경영자 고든 베쑨은 "항상 실패는 100% 인적 요소 때문이다"라고 말했다. 사우스웨스트의 최고경영자 허브 켈러허는 "차별화할 수 있는 것은 오직 직원뿐이며 그들의 서비스이다"라고 말했다. 이 회사 29,000명의 직원들이 지속적인 경쟁우위의 핵심이었다는 사실이다. 임직원들은 확고한 '사우스웨스트 정신'을 갖고 있다. 요컨대 이 회사는 사람이 핵심 경쟁력의 원천이었다.

사우스웨스트에서는 "직원이 제1순위 고객"이라는 원칙으로 일해 왔다. 외부 고객들(승객들)은 제2순위 고객이었다. 사장인 컬린 배럿은 "사우스웨스트는 우연히 항공사가 된 고객 서비스 회사입니다"라고 말했다. 항공사에서는 철저하게 고객 서비스에 전념해야 하며 강력한 서비스 철학을 가지고 있어야 하였다.

>>> 30년 이상 한 해도 빠짐없이 매년 흑자

사우스웨스트는 단 3대의 비행기로 출발했지만 2만9천명의 임직원, 매출은 40억불, 26개주 52개 도시에 취항하여 왔다. 전 세계 85개 메이저 항공사 중 가장 안전한 항공사로 선정된 바 있었다. 이 항공사는 미국에서 유일하게 지난 30년 이상 한 해도 빠짐없이 매년 흑자를 기록했다.

1981년 설립된 아메리카웨스트 항공은 불과 4년 만에 미국의 항공업계에서 10위를 기록하였는데 2년 뒤, 이 회사는 영업부진으로 법정관리에 들어갔다. 1993년 컨티넨털 항공은 컨티넨털 라이트라는 단거리 전문항공사를 자회사로 설립하여 사우스웨스트 항공과

정면으로 승부하겠다는 의사를 밝혔다. 그런데 2년 뒤, 컨티넨털 항공은 총 1억4천만 불의 적자에 허덕이다가 결국 컨티넨털 라이트 항공의 문을 닫았다.

유나이티드 항공사가 설립한 셔틀바이 유나이티드라는 단거리 전문항공사도 역시 부진을 면치 못하였다. 사우스웨스트는 1971년 6월에 댈러스에 본사를 두고 시작하였다. 운항 첫 해에 370만 불의 적자를 기록했으며, 1973년 중반 경에야 겨우 손익분기점을 넘었다. 직원들은 비행기의 지상 체재시간을 단축하였고 재이륙 시간 단축노력이 위력을 발휘하기 시작했다. 사우스웨스트에는 이전에 350페이지짜리 규정집이 있었다. 회사는 이것을 1/10 분량인 35페이지짜리의 핵심규정만 남겼는데, 그것은 법적으로 필요하거나 문화에 핵심적인 것이었다.

최고의 서비스와 즐겁게 일하는 분위기

사우스웨스트는 초기부터 고객들에게 최고의 서비스를 제공하며 직원들이 즐겁게 일하는 가족적인 분위기를 만들었다. 이 항공사는 좋은 기회가 왔을 때 서서히 사업을 확장했다. 켈러허 회장은 시장점유율에 집착하지 않았다. 이 회사는 시장점유율보다 수익성을 중요하게 생각하였다. 사업초기부터 연료 효율성이 높은 737기만을 고집하여 현재 약400대 이상을 보유하고 있다. 이 회사의 장점은 항공료가 저렴하고 정시에 이착륙한다는 점이다. 재이륙 준비시간을 줄이고 장비의 사용률을 크게 높였다. 이 회사의 항공기들은 하루에 공중에서 체류하는 시간이 11시간인데, 업계 평균은 8시간에 불과하였다. 이 회사의 탑승구 1게이트당 평균 10.5편을 처리하는데, 업계 평균은 4.5편이었다.

사우스웨스트는 항공료가 가장 낮은 할인 항공사였다. 이 회사는 항공료를 낮추었고 운항 횟수는 큰 폭으로 늘렸다. 이 항공사는 항공료를 한 노선 당 두 가지로 단순화시켰다. 일반 이코노미 클래스 요금과 비수기의 요금 두 가지 뿐이었다. 이 회사는 기내식을 제공하지 않았다. 간단한 음료수나 스낵들을 제공하여 왔다. 지정좌석이 없었다. 재사용이 가능한 플라스틱 탑승권을 주고 수거하여 다음에 사용하였다. 간편한 마일리지 프로그램으로 무료 항공권을 제공하였다.

정신적인 만족이 따라야 한다는 철학

컨티넨털 항공과 유나이티드 항공의 경우 약 35분의 이륙준비 시간이 들지만 사우스웨스는 15분이면 되었다. 다른 항공사의 경우 게이트 담당 직원이 3명이고 지상근무 직원이 12명인데, 이 회사의 게이트 담당 직원은 1명이고 지상근무 직원은 6명에 불과하였다. 유나이티드, 아메리칸, 델타 등의 일부 조종사들은 월 평균 50시간 비행에 20만 불의 연봉을 받는데, 이 회사의 조종사들은 비행시간이 월 평균 70시간에 달하지만 연봉은 10만 불이었다.

허브 켈러허는 "정신적인 만족이 따라야 한다"는 철학을 가지고 있었다. 문제해결에 돈을 투자하는 단순한 방식으로는 안 된다는 것이다. 이 회사에서 직원들을 격려하고 칭찬하는 것은 필요한 기본조건이었다. 또한 상호존중과 사명이 이끄는 문화, 위대한 리더십, 자신이 회사의 주인이라는 생각이 중요하였다. 물질적인 것보다 정신적인 것이 더 중요하다는 것이다.

장기근속 직원들은 백만장자

사우스웨스트에서는 후한 수익 분배를 약속하여 왔다. 주가가 잘 유지되면 직원들에게 좋은 일이며, 장기근속 직원들은 백만장자가 되어 은퇴했다. 이 회사의 조종사들과 승무원들은 기내 청소를 돕고 탑승수속을 담당하기도 하였다. 모든 직원들이 협동으로 신속하게 이륙시킬 준비를 하는 것이다.

1998년 유나이티드 항공과 아메리칸 항공은 비행기 1대당 직원들의 수가 160명인데, 이 회사는 94명이었다. 그러므로 좌석 이용률이 낮아도 쉽게 손익분기점에 도달할 수 있었다. 단일 기종만을 사용하므로 유지보수 비용과 교육비용을 줄일 수 있었다. 이 회사의 고객 불만 신고 건수는 고객 만족도에서 2위를 기록한 항공사와 거의 3배 정도 차이가 났다.

사우스웨스트 항공사에는 세 가지의 기본 정신이 있다. 첫째, 일은 놀이이며 즐거워야 한다. 둘째, 일은 중요하다. 그러나 너무 심각하여 억지로 해서는 안 된다. 셋째, 사람은 중요하다. 한 사람이 세상을 바꿀 수 있다는 것이다.

가치는 탁월함을 추구하는 그 자체

이 회사는 즐겁게 일하는 분위기를 지향하며 유머를 중시하여 왔다. 본사에서 매년 직원들과 가족들을 위한 파티를 열 수 있도록 지원했다. 직원상호간에 존중하는 분위기, 서로 감사하는 분위기를 조장했다. 이 회사는 공식적으로 "어떠한 직원도 고객을 위하여 자신이 최선이라고 판단하여 행동했다면, 결과가 좋지 않다고 해서 그로 인하여 불이익을 당하지 않는다"고 천명하였다. 결국 중요한 것은 그 사람의 태도라는 것이다. 이 회사는 직원들에 대한 교육을 매우 중요시하며, 임직원들은 사내 대학에서 교육을 받았다. 교육과정은 서비스에 초점을 맞추고 있다. 관리자들은 연간 80시간씩 교육을 받았다.

이 회사에서 이익은 하나의 결과물일 뿐이다. 사우스웨스트의 가치는 탁월함을 추구하는 그 자체였다. 탁월함에 대한 추구는 경제적인 가치도 창출해내었다. 노동조합 운동의 아버지인 새뮤얼 곰퍼스는, "회사가 직원들에게 할 수 있는 가장 큰 해악은 수익을 만들지 않는 것"이라고 했는데 허브 켈러허는 이 말을 자주 인용하곤 했다.

피플익스프레스의 부정적 가치

원칙을 실천했다는 것과 그렇지 못했다는 점

10억 불의 수익을 달성하는데 사우스웨스트는 약 16년이 걸렸지만 피플익스프레스는 3년 만에 달성했다. 피플익스프레스는 보잉 737기만을 운항한다는 전략을 수정하고 747기와 727기를 취항시켰고 주요 도시로 노선을 확대하여 메이저 항공사들과 일대 격돌하였다. 또한 여러 기업을 마구 인수하기 시작하여 결국 과도한 성장의 폐해를 받게 되었다.

사우스웨스트와 피플익스프레스는 고객 서비스에 대한 인식면에서도 큰 차이를 보였는데, 사우스웨스트가 훨씬 탁월한 고객 서비스를 제공하였다. 사우스웨스트는 원칙을 실제로 충실하게 실천했다는 것이고 피플익스프레스는 그렇지 못했다는 점이다.

잡다한 서비스를 배제한 항공회사

1981년 도널드 버는 북미에서 잡다한 서비스를 배제한 항공회사를 출범시켰다. 그 회사는 피플익스프레스였다 이 회사의 항공요금은 매우 저렴하고 음료와 과자 한 조각까지 값을 받았다. 가방을 실을 때도 한 개당 2달러씩 요금을 받았다.

도널드 버는 실리 위주의 단순한 상품을 저렴한 상품으로 보통 항공사보다 50-70% 저렴한 요금을 선보였다. 평균 75%의 탑승률을 보였다. 보잉737기를 정상가격 1,700만 불보다 훨씬 저렴한 370만 불에 17대를 구입했다. 대부분의 항공사는 항공기 1대당 직원이 149명이었지만 피플익스프레스는 57명에 불과했다. 승무원들은 원칙적으로 모든 지상직종을 순환하여 근무하도록 했다.

이 회사에서 탑승하지 않은 승무원들은 "고객서비스 매니저"로 티켓 카운터를 맡았다. 예약과 수화물 검사는 외주를 주었다. 채용조건으로 최소한 100주의 회사 주식을 매입하도록 했다. 이 회사에서의 진정한 보수는 얼마 안 되는 월급이 아니었다. 주식, 배당금과 노사간의 이익분배가 실제 보상이었다. 피플익스프레스는 수화물 검사나 샌드위치, 음료도 개별적으로 가격을 책정하여 요금을 부과했다. 기내에서 티켓을 발매하고 즉시 지불하는 시스템이었다. 이 회사의 중역 사무실은 매우 검소했다.

주당 8.5달러 회사는 50달러로 폭등

요금체계는 성수기와 비수기의 2단계 요금구조였는데 성수기는 89불, 비수기는 69불이었다. 동일노선의 버스나 기차표는 약 130불이었다. 피플익스프레스는 할인요금에 여행시간도 반으로 단축시켰다. 일일 평균탑승률은 일반적인 50%를 훨씬 넘는 75%나 되었다.

피플익스프레스는 워낙 항공료가 저렴하자 인기를 끌었다. 1980년대에 주당 8.5달러로 상장된 이 회사는 3년도 안되어 50달러 가까이 폭등했다. 그러자 도널드 버는 자신의 경영능력에 넘치는 자신감을 얻게 되었다.

아메리칸항공사의 도전

피플익스프레스의 최고경영자였던 도널드 버는 "1986년에 갑자기 상황이 변하면서 우리는 매월 5,000만 달러의 손실을 입게 되었다. 아메리칸항공사의 '울트라 세이버 프로그램'의 도전으로 우리 회사는 종말을 맞이하게 되었다"라고 말했다.

당시 아메리칸항공사는 할인 항공사에 대응하여 '세이버'프로그램을 준비하고 있었다. 이 회사는 초절약 요금을 마련하여 판매를 제한하고 좌석판매가 불가능한 시장과 노선에 대해서만 할인요금을 적용하였다. 좌석의 시장 가치는 승객 개개인에 따라 다르다는 것이다. 모든 승객에게 할인요금을 제공하는 것은 아메리칸항공사에게 자살행위였다.

아메리칸항공사는 비즈니스 여행자가 많은 경우는 할인좌석을 줄였다. 많은 데이터를 컴퓨터로 분석했다. 다양한 요금체계를 적용하여 피플익스프레스보다 저렴한 가격을 제공하기로 하였다. 정상요금을 그대로 유지하면서 잉여좌석을 할인가격에 판매함으로써 추가 이익을 얻었다. 환불이 불가능한 조건을 전제로 하는 할인요금이었다.

고객들을 빼앗기자 가치관에 혼동을

아메리칸항공사는 경쟁사의 손익분기점 직전의 마진만 뺐으면 되었다. 그저 모든 항공편에서 승객 몇 명만 빼앗으면 경쟁자는 망하게 되어 있다는 사실이었다. 수익성 관리는 아메리칸항공사의 생존을 보장해 주는 가장 중요한 도구였다. 당시에 수익 경영전술이 가장 발전된 항공사는 아메리칸항공사와 델타항공사였다.

아메리칸항공사에 고객들을 점점 빼앗기자 결국 피플익스프레스는 혼란스러워 했고 가치관에 혼동을 가져 왔다. 피플익스프레스는 본래의 가치를 좀더 충실하게 강화할 생각을 하지 않았다. 그 반대로 중흥을 위해 온갖 부가서비스가 제공되는 항공사로 재건하고자 하였다. 피플익스프레스는 이전에 없던 일등석을 만들고 VIP라운지를 만들고 다양한 서비스를 제공하였다. 그렇지만 그들의 이미지와는 다른 것이었다.

기본 가치인 고객 서비스에 문제

피플익스프레스에는 한동안 고객이 넘쳐 운영시스템에 문제가 발생했다. 항공사의 기본 가치인 고객 서비스에 문제가 생긴 것이었다. 이 회사에 좌석을 예약하기 위해 전화를 걸면 쉽게 통화할 수가 없었다. 고객들의 항의가 빗발쳤고 공항도 포화상태에 이르렀다. 최고경영자 도널드 버는 이러한 기본적인 가치에 충분히 대응하지 못하였다.

도널드 버는 피플익스프레스의 기본 영역인 할인항공사의 영역에 집중하지 못했다. 오히려 가치의 혼란을 일으켰고 결국 일반 항공사와 같은 영역으로 업무를 확장하였다. 그 결과 고객 서비스에서 문제가 발생하기 시작했다. 고객들은 불평을 하기 시작했지만 이러한 불평을 처리해줄 직원들이 부족했다.

피플익스프레스에는 좋은 태도와 능력이 우수한 고객 서비스를 제공할 태세가 되지 않았다. 이익이 넘쳐나던 그의 회사는 적자가 나기 시작했으며 결국 파산이 불을 보듯 뻔해졌다. 피플익스프레스는 1987년 텍사스 에어에 흡수되어 합병되었다.

돈에 치중했고 가치 창출에 집중 못해

피플익스프레스가 도산한 것은 아메리칸항공사 때문이 아니었다. 도널드 버가 자신의 영역인 할인항공사의 영역에서 가치를 더욱 향상시켰다면 아메리칸항공사의 도전도 이겨낼 수 있었을 것이다. 도널드 버는 돈을 버는 데에 너무 치중했고 가치를 창출하는 데에 초점을 집중하지 못했다는 사실이었다.

아메리칸항공사의 도전에 직면한 것은 피플익스프레스만이 아니었다. 사우스웨스트도 피플익스프레스와 같은 할인 항공사였으며 마찬가지로 도전을 받았다. 그럼에도 사우스웨스트는 자신의 기본 가치에 철저히 매달렸다. 피플익스프레스는 가치관에 혼돈을 가져왔지만 사우스웨스트는 가치관을 더욱 확고히 다졌다. 결과는 판이하였다는 사실이다. 피플익스프레스가 돈을 버는 데에 집착하지 않고 기본 가치에 더욱 고착하고 정신력과 실력을 향상시켰다면 그들은 지금도 사우스웨스트와 같은 탁월한 항공사로 생존했을 것이다.

chapter 14

최 부자의 탁월한 가치

탁월한 마케팅의 원리

chapter 14

최 부자의 탁월한 가치

10대 300년 동안 부를 누린 일가

경주 최 부자의 가문은 300여 년 동안 만석꾼으로 내려왔다. 경주 최 부자는 최진립이 그 터전을 이루었고 아들 최동량을 거쳐 내려오면서 최준(1884-1970년)에 이르는 10대 약300년 동안 부를 누린 일가를 일컫는 말이다. 최 부자 가문은 그 부를 적절히 사회에 환원함으로써 민중들의 존경을 받은 부자였다. 필자는 경주 최 부자에 관해서 전진문의 저서를 비롯한 여러 자료를 통하여 최 부자의 놀라운 지혜와 가치를 발견할 수 있었다.

'만석꾼'이란 소작료 수입이 만석이라는 뜻이다. 만석꾼의 대지주란 약1,000정보인데 1정보는 3,000평이므로 300만 평 정도인 것이다. 최 부자 가문의 시조인 최진립 1594년 무과에 급제하였는데 1597년에 왜군이 침입하자 수백의 군사를 이끌고 많은 전투에 종군했고 벼슬을 받았다. 최진립은 우여곡절을 겪었는데 모함을 받아 울산으로 귀양을 가게 되었다.

진사 이상의 벼슬은 하지 마라

최진립은 관직에 있다는 것이 항상 대립되는 파벌과 함께 있어야 한다는 것으로 언제 모함이나 숙청에 빠질지 모른다는 것을 알았다. 그는 1623년에 귀양살이에서 풀려나 경흥부사를 지냈는데 병자호란이 일어나자 최전선에서 싸우다가 1636년에 순국하였다. 그의 나이 69세였다.

최진립은 자식들에게 다음과 같은 유훈을 남겼다. "나라가 위급하면 충성하되, 부단히 학문하기에 힘써라. 벼슬을 목적으로 학문을 하지 마라. 과거를 보되 진사 이상의 벼슬은 하지 마라"는 것이다. 이것이 첫 번째 가훈이 되었다.

소작인들에게 매우 후해

최진립의 아들 최동량이 가문을 잇게 되었다. 최동량은 노비와 함께 농사일에 전념했다. 그는 개천의 둑을 쌓아 보를 만들었다. 또한 국가에서 장려하는 개간에 힘썼다. 노비나 소작인들에게 병작제를 과감하게 채용하여 노동력을 확보하였다. 병작제란 소작인에게 수확물의 절반을 지대로 받는 것을 말한다. 병작제는 당시의 지주와 소작인 관습에 비할 때 소작인들에게 매우 후한 것이었다. 최씨 가족들은 일반 양반지주들과는 달리 모두 솔선하여 일터로 나갔기 때문에 노복들이나 소작인들은 열심히 일했다.

최동량은 시집가는 딸에게 "일꾼들에게 위엄 있게 은혜를 베풀면 일꾼이 자연 진실하게 되느니라."라고 말했다. 하인들에게 인심이 후한 최동량은 여러 가지 새 기술을 적용하여 농사의 생산량을 높였다

최씨 가문이 부자의 반열에 올라간 것은 최동량의 아들인 최국선으로부터 시작되었다. 최동량의 맏아들 최국선은 노비와 소작인들을 모으는 능력을 가졌다. 최 부자집에서는 일체 마름을 두지 않았다. 당시 마름은 지주를 대신하여 토지를 관리하면서 소작인들을 지휘하는 사람인데 엄청난 권한이 주어져 원성의 원인이 되었다. 최씨 집에서는 농우 두 마리를 사서 써레와 쟁기로 농사를 해냈는데 이는 농사의 효율을 높여주었다.

재물을 경제적으로 활용하는 지혜

최국선은 벼의 이앙법을 도입했다. 논에 직접 볍씨를 뿌리는 직파법은 한발이 심해지면 성공률이 높지만 김매기 작업에 엄청난 어려움이 있었다. 그래서 다작을 할 수 없었다. 이앙법은 한발에는 약

하지만 김매기에 노동력이 거의 1/10로 줄어들 수 있었다. 최국선은 들어올 것을 헤아려, 나갈 것을 정하는 것 즉 양입위출을 기본으로 하였기에 재물이 모였다. 이는 이재의 근본으로서 재물을 매우 경제적으로 활용하는 지혜라고 할 수 있었다. 이에 의거하여 최국선은 근검절약을 실천하였다.

1671년 최국선이 49세일 때 삼남에 큰 흉년이 들어 굶어죽는 사람이 많았다. 최국선은 과감히 곳간을 헐어 모든 굶는 이들에게 죽을 끓여먹이도록 했다. 그는 "사방 백 리 안에 굶어 죽는 사람이 없게 하라"고 말했는데 이 가훈은 이때에 생긴 것이다. 3, 4년 정도에 한 번씩 찾아오는 흉년에 최 부잣집에서는 소작료를 대폭 탕감했다. 이는 소작인들뿐만 아니라 인근 주민들의 인심을 크게 얻는 결과를 가져왔다는 사실이다.

덕행과 심성은 사람들에게 감동을

최국선의 덕행을 알게 된 경상감사가 조정에 품신하여 최국선은 종9품의 미관말직인 참봉에 제수되었는데 노부모 봉양을 핑계로 벼슬을 사퇴하고 돌아왔다. 오늘날 경주 최부잣집에서는 교동 '법주'가 가주로 유명한데 최국선이 참봉으로 재직하면서 궁중의 양조비법을 배운 것이 전수되어 내려온 것이다.

이러한 덕행이 소문이 나자, 흉년이 들면 많은 사람들이 최 부잣집에 와서 금전이나 곡식을 꾸어가곤 했는데 오늘날의 마을금고 역할을 한 것이다. 최국선은 돈을 빌려간 사람들이 맡긴 문서를 꺼내

아들에게, "토지나 가옥의 문서는 모두 주인에게 돌려주고, 나머지 서약문서나 장부는 모두 불살라 버려라. 돈을 갚을 사람이면 담보가 없더라도 갚을 것이요, 못 갚을 사람이면 담보가 있어도 못 갚을 것이다. 못 갚을 형편인데 토지 문서를 빼앗아버리면 어떻겠느냐?"라고 말했다. 그의 덕행과 심성은 많은 사람들에게 감동을 주었다.

재산 축적 과정이 도덕적이고 정당성

최국선은 가족들을 모아놓고, "남이 절박하여 물건이나 땅을 헐값으로 내놓아도 값은 값대로 주고 사라. 헐값에 사게 되면 나의 마음과 복에 해가 된다"라고 말했다. 이는 남에게 피해를 주지 않는다는 것, 남의 위급한 상황을 이용하여 이익을 취하지 않는다는 것이다. 정당한 거래, 공정한 거래가 이 가문을 살려주는 원천이 되었다.

경주 최 부자의 재산은 축적 과정이 도덕적이고 정당성이 있었다는 사실이다. 그 결과 최 부잣집은 인심을 얻었고 주변의 미움을 사지 않았다. 최 부잣집은 최국선 대부터 만석꾼으로 불렸다. 최국선의 아들 최의기는 재산이 엄청나게 불어났으나 유언을 남겼는데, "재산은 만 석 이상 하지 마라"는 것이었다. 최 부자의 전체 소작료 수입은 1년에 만 석을 넘지 않도록 했다. 이는 극대 이윤의 추구가 아니라 적정 이윤의 추구였으며 장기적인 이익을 누릴 수 있었다. 탐욕을 강력하게 자제한 것이었다.

최 부잣집 모두가 근검절약

최 부잣집 사람들은 모두가 근검절약하였다. 최종률은 또 하나의 가훈을 만들었다. "며느리들은 시집 온 후 3년 동안 무명옷을 입어라"는 것이다. 최종률은 아들이 없어 사촌 형의 아들을 입양해 후사로 삼았다. 최의기의 자손이 외동이거나 무자식으로 양자를 들이면서 4대를 내려가 재산을 분배하지 않고 늘려 농업 자본을 축적할 수 있었다.

경주시 교동69번지에 최 부잣집 종가집이 있다. 최기영은 종가집을 짓기 위해 땅을 구입하였는데 향교가 바로 옆에 있었다. 최기영은 향교의 요청대로 용마루를 향교의 용마루보다 다섯 자 아래로 낮추고 미곡 천 석을 유림의 기금으로 희사하였다. 종가는 99칸까지 지을 수 있었으나 89칸으로 건축했다. 스스로를 낮춤으로써 남의 질투를 방지하는 효과도 있었다.

활빈당은 행패를 부리지 않았다

최 부잣집은 나그네를 잘 대접하는 가풍이 있었다. 어떠한 사람이라도 정성을 다해 대접하도록 엄명했다. 모든 손님에게는 독상으로 대접했고 밤을 묵고 떠나는 과객에게는 하루를 지낼 양식과 약간의 노자를 주어 보냈다.

1894년 고종31년에 동학 혁명이 일어났다. 경주 지방에서 활빈당이 나타나 두목인 구물천이 불평이 있는 농민들을 규합했다. 구물천은 불을 지르고 약탈과 살인을 하였는데 최 부잣집으로 몰려왔다. 난리 와중에서 최 부잣집은 불타지 않고 온전히 재물을 지킬 수 있었는데 이는 이웃 주민들에게 베풀어온 덕 때문이었다. 굶주린 농민들에게 융숭하게 대접하자 활빈당은 행패를 부리지 않았다고 한다.

활빈당의 난리를 무사히 넘긴 최현식 진사는 아들 최준에 이르러 드디어 부자의 막을 내렸다. 1894년 김홍집 내각은 갑오경장을 단행했다. 1898년 최준은 포천에 있는 최익현 선생의 집에 다녀왔다. 20살의 최준은 만석의 살림을 맡는 처지가 되었다. 최준은 경주 향교를 빌려 간이 학교를 설립하고 무료로 글을 가르쳤다.

가치를 추구한 탁월한 생존 비결

해방이 되자 김구 선생을 최준을 만나자고 전갈을 보내왔다. 김구 선생은 최준이 보내준 자금에 대하여 크게 치하하였다. 최준은 독립운동가를 통하여 비밀리에 중국에 있는 임시정부에 독립자금을 보냈는데 이를 김구 선생이 알고 있었던 것이다.

해방 이듬해 최준은 대구대학을 설립하고자 대부분의 재산을 여기에 투자하였다. 대구대학이 정식으로 인가되었다. 개교준비위원회 위원장에 경상북도학무국장 이효상을 선출했다. 최준의 설득으로 이병철이 재단이사장으로 취임했고 대구대학은 삼성그룹 산하의 학원으로 새 출발을 하게 되었다. 우여곡절 끝에 대구대학과 청구대학은 통합하였고 오늘날의 영남대학교가 탄생했다.

최준은 많은 재산을 재단 산하로 넣었고 얼마의 재산은 아들에게 물려주었다. 아들은 손자인 최염에게 할아버지를 돌보도록 했다. 최준은 1970년 87세로 사망했다. 최 부자 가문의 사례는 의미 있는 가치를 추구한 한 가문의 탁월한 생존 비결을 알려주고 있는 것이다. 오늘날 많은 재산가들이 후손들에게 남겨줄 것은 이러한 탁월한 가치인 것이다. 이 탁월한 가치는 엄청난 재산보다 실제적으로 유용하였다는 사실이다. 최 부자 가문의 탁월한 가치는 가문을 보존하였고 재산을 보존하였다. 이는 가문의 가치를 제대로 전달한 탁월한 마케팅이라고도 할 수 있다.

chapter 15

할인 소매점업 기업들의 가치

탁월한 마케팅의 원리

chapter 15

할인 소매점업 기업들의 가치

월마트의 탁월한 가치

간단한 것에 할인판매의 진수

샘 월튼은 월마트의 창업자였다. 월튼은 "고객을 위해 1불을 절약할 때마다 우리는 경쟁에서 한 걸음 앞으로 나서게 된다. 그것이야말로 우리가 항상 목표로 삼아야 할 점이다"라고 말했다. 월튼은 저서를 통하여 최고경영자로서의 경험을 밝혀주었다.

샘 월튼은 1940년 아이오와 주에 있는 'J.C.페니' 상점에 실습생으로 월 75불을 받으며 시작했다. 그는 인구 7천명의 아칸소 주 뉴포트에서 '벤 프랭클린'잡화점을 1945년 9월 개업했다. 그는 항상 색다른 공급자나 공급원을 찾아다녔다. 그는 단순한 교훈을 배웠다. 어떤 품목을 80센트에 사면, 그것에 1불의 가격을 매김으로써 1불20센트의 가격을 매기는 것보다 3배 이상 많이 팔 수 있다는 사실을 깨달았다. 이윤은 줄었지만 많이 팔아 총이익은 훨씬 늘어났다. 간단한 것에 할인판매의 진수가 담겨 있었다.

20년의 숨겨진 세월이 필요

월튼은 인구 3천 명의 벤톤빌에서 낡은 상점을 발견해 계약했다. 4,000제곱피트의 가게에 내부수리를 하고 '월튼스 염가상품판매점'으로 광고를 했다. 셀프서비스 잡화점이었다. 그는 1952년에 인근 도시인 파예트빌에서 낡은 식품점을 구해 2700제곱피트의 상점을 추가로 개업했다. 이곳도 '월튼스 염가상품판매점'으로 불렀고 셀프서비스였다. 1962년 월마트를 개점 했을 때, 월마트가 만들어지는 데에는 20년의 숨겨진 세월이 필요했다는 것이다.

월튼은 상점에서 동반체제를 추구하였다. 이 제도의 매력은 수많은 유능한 책임자들을 끌어들일 수 있도록 해주었다. 그는 계속 상점들을 새로 개점했고 한 상점의 총투자액이 5만 불이라면 그 책임자는 1,000 불을 투자해서 2%를 소유하게 했다. 이 기간은 월튼에게 너무나 성공적이었다. 월튼은 1962년 7월에 아칸소 주 로저스에 월마트 제1호점을 개점했다. 1호점은 대단한 성과를 거두지 못했는데도 연간 100만 불을 벌어들였다.

월튼은 실험하고 뭔가 다른 것을 시도해 보고, 자신을 교육시키고 앞서 나갈 수 있도록 노력해 왔다. 그는 상당히 보수적인 사람이었다. 반면에 사업에 있어서는 그는 싸우고 혁신하고 사람들이 하고 있는 것 이상의 것을 성취하려고 했다. 케이마트의 해리 커닝햄은 최초의 할인점을 설립했다. 케이마트는 250개의 상점을 보유했고 월마트는 19개 상점이었다. 월마트 매출은 900만 불이었는데 케이마트는 8억 불 이상이었다. 그로부터 30년 내에 초기의 모든 할인판매점들의 대부분이 망했고 3개의 체인만이 크게 성장했다는 사실이다.

일관성 있고 정직하며 기본적으로 단순

월마트는 낮은 가격에 만족이 보증된다는 점이 생존의 요체였다. 상점 안의 모든 상품들은 낮은 가격에 팔았는데 거기에는 30%의 최저 이윤이 포함되어 있었다. 월마트의 책임자들은 함께 일했지만 많은 재량권을 가지고 있었다. 핵심은, 만약 상품 품목들의 가치를 평가하고 판촉을 벌이는 어려움을 감수한다면 그 사업은 반드시 성공할 것이라는 확신이었다.

월마트는 처음부터 한 주에 한 번 모든 책임자들이 모여 스스로를 비판했다는 점이다. 모든 사람들이 현재 무슨 일이 일어나고 있는지를 알도록 하고 그들이 한 실수를 깨닫기를 원했다. 월튼은 구매 여행비용이 결코 구매액의 1%를 넘어서는 안 된다는 원칙을 가지고 있었다. 이는 극히 일관성 있고 정직하며 기본적으로 단순한 것이었다.

샘 월튼이 많은 것을 배운 인물은 솔 프라이스로 1955년 남부 캘리포니아에서 '페드마트'를 출범시킨 훌륭한 경영자였다. 월튼은 그로부터 많은 아이디어를 얻었다. 월마트도 페드마트에서 따온 것이다. 월튼은 어떤 간행물에서 1976년 사업에 뛰어든 100명의 최고 할인업자 중의 76명이 사라지고 말았다는 기사를 읽었다. 요컨대, 그것은 그들이 자신들의 고객을 관리하지 않았기 때문이고 상점을 보살피지 않았으며 근무하는 사람들에게 좋은 태도를 갖게 하지 않았기 때문이었다.

고객을 돌보게 하려면 직원을 돌보아야

월튼은 직원들로 하여금 고객을 관리하게 하고 싶다면 스스로 그 사람들을 돌보아야만 할 것이라고 생각했다. 그것이야말로 월마트 성공에 있어서 가장 중요하고 단순한 핵심이었다. 망한 회사들은 회사의 확장에 필요한 어떠한 조직이나 지원, 배송체제 등을 구축하지 않고 단기간에 확장했다. 고객의 욕구에 부응하지 못하고 강력한 조직 체제를 구축하지 못한 모든 이들은 결국 낙오되었다.

월튼에게 현금 부족이 골치였다. 그래서 월마트를 상장회사로 만들기로 했다. 당시 그의 가족은 회사 주식의 약 75%를 소유하고 있었다. 1970년 10월 월마트는 상장회사가 되었다. 월마트의 시장가격은 약 1억3천5백만 불이었는데 15년이 지난 후에는 500억 불이 넘었다. 그 날 이후 월튼가는 월마트 주식의 61%만을 소유하게 되었지만 모든 채무를 갚았고 그날 이후로 채무를 지지 않았다.

효과가 입증되어온 것들을 반복

월튼은 회사를 선전하는 것으로 시간을 보내는 것보다 상점에서 일하는 직원들과 보내는 것이 더 낫다고 생각했다. 그가 걱정하는 것은 주가가 아니었다. 고객을 돌보는 데 실패할지 모른다는 점, 동료들을 돌보는 데 실패할지 모른다는 점이었다. 월튼은 매일, 매주 견실한 방법으로 그들의 일을 해오고 있음을 실증한다면 그들은 성장할 것이라고 확신했다.

월튼의 핵심전략이란 소도시에 적당한 크기의 할인점을 설치하는 것이었다. 모든 상점들은 배송센터에서 차로 하루 정도의 거리 내에 위치해야 했다. 월마트는 광고에 많은 돈을 들이지 않았고 한 달에 한 번 정도 광고전단을 배포함으로써 그런 대로 일을 해나갔다. 효과가 입증되어온 것들을 반복하였다.

월튼은 마땅히 해야 할 일을 하고 있는지를 알아보기 위해 가능한 한 많은 시간을 상점에 나가서 보냈다. 그는 매주 토요일 아침, 보통 두세 시에 나와 그 주의 온갖 수치들을 모두 샅샅이 살펴보곤 했다. 모든 것을 확인하는 것이 그의 임무였고 함부로 결재를 하지 않았다. 월튼은 비용을 가능한 한 낮춤으로써 최대한으로 가격을 낮춘다는 것이었다.

책임자들과 동료들이 함께 하는 관계

월마트를 성장시킨 진정한 요인은 월마트의 책임자들과 동료들이 함께 즐길 수 있는 관계라고 월튼은 생각하였다. 월튼은 "만족한 고객, 성실한 고객, 다시 오는 고객이 월마트의 성공의 핵심이었다" 라고 말했다. 월마트의 고객들을 그의 동료들이 친절하게 대우해 주었기 때문이라는 것이다.

월마트에서 구축한 동반체제는 이익 공유, 장려 보너스, 주식할인 매입계획, 사업에 참여하는 프로그램 등이었다. 이 동반체제는 효과적으로 작용하였고 노동문제 비용을 오히려 줄일 수 있었다. 월튼은 고용인들을 '동료'라고 부르기로 하였다. 그가 회사에 근무할 때 제임스 캐쉬 페니는 시간당 고용인을 가리켜 '동료'라고 불렀고 그 기억이 항상 있었기 때문이다. 1971년, 월튼은 이익공유계획에 착수했다. 월마트는 평균임금의 6%를 그 계획에 기부했다. 고용인 주식구매 제도를 마련하여 시장가격보다 15% 할인된 가격으로 주식을 살 수 있었다.

진정한 도전은 '섬기는 책임자'가 되는 것

가장 성공적인 보너스 중의 하나는 손실량 감소 장려제도로 목표 이하의 손실량이 되면 그 상점의 동료들이 200불씩의 보너스를 받게 되었다. 월마트의 손실률은 업계 평균의 반밖에 되지 않았다. 월마트의 책임자들에게 필요한 진정한 도전은, 소위 '섬기는 책임자'가 되는 것이었다.

월튼은 월마트의 이익과 구매, 매출액, 가격 인하액을 공개했고 그런 정보들을 모든 직원들과 공유했다. 그 모두를 포괄하는 단 한 가지 단순한 사실은 바로 감사하는 마음이었다. 동반체제에는 돈도 중요하지만 인간을 존중하는 기본적인 고려가 포함되어야 한다는 것이었다.

만약 월마트에서 중요한 업무문제를 가지고 있으면 머천다이징 회의로 불리는 금요일 아침 회의나 토요일 아침 회의에서 털어놓아야 하였다. 일을 하는 동안에도 월마트는 '일하는 동안 휘파람 불기' 등 유쾌하게 일을 하고 가족의 일원이라는 느낌을 갖고자 했다.

월마트를 재미있는 기업으로

월튼은 월마트를 재미있는 기업으로 만들고자 노력했다. 그것은 고객을 즐겁게 해주었고 동료들 또한 즐겁게 해주었다. 그는 길거리 세일을 거대하게 열었고, 밴드를 불렀으며 소규모의 서커스를 열기도 했다. 연례총회에서 총회가 끝나면 참석한 모든 동료들 약 2,500명을 월튼의 집으로 초청하여 대규모 야외 연회를 열었다.

월튼은 책임자들을 이칸소 대학교에서 교육의 기회를 얻을 수 있게 했다. 월튼은 "소매업에서 성공의 열쇠는 당신의 고객에게 그들이 원하는 것을 주는 것이다"라고 말했다. 고객들을 한 사람 한 사람 만나는 일을 제대로 하는 것이 매우 중요하다고 그는 생각했다.

월튼은 "우리는 고객의 대리인이며 고객들에게 최상의 서비스를 제공해야 한다"고 말했다. 그는 환경이 변화한다는 것과 살아남을 사람은 반드시 변화하는 환경에 적응해야 한다고 생각했다. 월마트는 P&G와의 동반체제에 뒤이어 다른 많은 공급자들을 동반자로 파악하기 시작했다. 월마트와 공급자는 함께 승리하는 셈이 되고 가장 중요한 것은 고객 역시 승리한다는 점이었다.

상점들을 위해 헌신하고, 대표라는 인식

월마트 경영진은 성장을 관리하고 비용구조를 낮추는데 반드시 컴퓨터가 필요하다는 사실을 확신했다. 실제로 월마트의 배송체계로 인해 실현한 효율성과 경제성은 뛰어난 경쟁상의 이점을 주었다. 월마트는 8만 품목이 넘는 상품을 들여놓으며 다시 보충 받는 시간은 평균 2일 정도였다. 이는 월마트 경쟁자들이 4일 이상 걸리는 것과 비교되었다. 수송비용은 월마트는 3%이하인데 경쟁자들은 약 4.5-5%가 되었다.

월마트의 자사 운전기사들은 진짜 전문가라는 점, 상점들을 위해서 헌신하고 있으며 자신이 월마트의 대표라는 인식을 가지고 있었다는 사실이다. 전체 배송체계가 그토록 잘 기능하게 되었던 이유는 월마트 사람들의 헌신이라고 월튼은 생각했다. 기술이라든지 하드웨어 같은 것들은 다만 도구에 지나지 않는다는 것이다.

인공위성은 절대적으로 필요한 것으로 드러났다. 월마트는 최신 컴퓨터와 인공위성 시스템을 구축하기 위해 약 7억 불을 들였다. 월튼은 "만일 그 시스템 전체에서 일하는 훌륭한 책임자와 헌신적인 동료들, 트럭 운전사들이 없다면 그 모든 것들은 아무 가치도 없다"라고 말했다.

공손하게 묻는 일을 잊는다면 폐업해야

월튼은 월마트가 커지면 커질수록 작게 생각하는 것이 더욱 필요하다고 생각하였다. 모두 힘겨운 작업과 훌륭한 태도는 동료들과 책임자들의 팀워크에 의해 한 번에 한 가지씩 이루어졌다는 것이다. 월튼은 "뉴포트의 작은 상점에서와 마찬가지로 고객에게 인사를 하고 도움이 될 수 있겠는지 공손하게 묻는 일을 잊는다면 우리는 폐업해야 한다"라고 말했다. 그는 작게 생각하는 것이야말로 모든 사업에서 이익을 낳게 하는 방식이라고 생각했다.

월마트가 성장한 것은 계속해서 가격을 낮추고 서비스를 향상시키며 고객들에게 도움이 되는 일들을 계속해 나갔기 때문이었다는 점이다. 월튼은 간단한 태도가 온 세상의 기술만큼이나 가치가 있다고 생각했다. 월마트에 온 전화에 응답하도록 되어 있었고 전화를 받은 그 날 일몰 전에 회답 전화를 하도록 되어 있었다. 월튼은 직원들에게 "여러분이 고객과 10피트 거리 안에 있게 될 때마다 그의 눈을 주시하며, 그에게 인사를 하고 그를 도울 수 있겠는지 물어보겠다고 약속해 주십시오."라고 말했다. 그는 책임자들과 구매자들에게 상점을 들러 보게 하였는데 이 일을 절대적으로 확신하고 있었다.

엄하게 관리하고 힘겨운 단련을

월튼은 끊임없이 상점들을 방문하여 메모하였다. 월마트에서 회의가 끝나면 모든 지역책임자들은 구역책임자들에게 전화를 걸어야 하였다. 구역책임자들은 그 내용을 상점책임자들에게 전달해야 하였다. 그리고 상점책임자들은 즉시 부서장들에게 그것을 시행하도록 해야 하였다.

월튼은 직원들에게 책임과 권한을 주고 주인으로서 자부심을 갖도록 해야 한다고 생각했다. 월마트 직원들은 일을 계속하면서 대학까지 가고 회사에서 승진을 하게 되었다. 그는 항상 자율과 통제 사이에서 적절한 균형을 잡고자 했다. 월튼은 그들을 엄하게 관리하고 힘겨운 단련을 시켰다. 그는 중앙사무실 비용으로 2%를 쓴다는 비용구조로 경영을 해나가고자 노력했다. 많은 사람들은 월마트 경영진의 사무실이 트럭터미널 사무실 같다고 말했다.

탐욕스러운 사람들은 성공할 수 없는 법

월튼은 "막대한 개인적 부를 이루어 낸다는 것이 내 목표였던 적은 한 번도 없었다"라고 말했다. 그는 월마트 상점들과 샘클럽이 제 궤도를 달리게 하는 데 전념해 왔을 뿐이었다. 월튼가의 기부를 받은 곳에는 수많은 교육기관들이 있다.

샘 월튼은 "탐욕스러운 사람들은 크게 성공할 수 없는 법이다"라고 말했다. 많은 사람들이 사업 여행을 갈 때마다 비행기의 이등석을 타는 그를 미쳤다고 생각했다. 그는 지도자로서 모범을 보이는 일이 그의 의무라고 생각했다. 샘 월튼은 골수암의 일종인 복합 골수종을 앓았고, 1992년 4월 사망했다. 그가 남긴 가장 가치 있는 것은 그의 막대한 재산이 아니었다. 월마트의 초기에 구축한 탁월한 가치가 가장 소중한 것이었다.

케이마트의 부정적 가치

케이마트는 월마트보다 월등한 위치

1962년 할인 잡화점의 선구자 크레스지스의 사장 래리 커닝햄이 첫 할인점 케이마트를 열었다. 1990년부터 2000년까지 10여 년간 케이마트의 시장점유율은 30%에서 17%로 떨어졌다. 케이마트는 업계의 선두주자였다. 이 회사는 한 때 250개의 상점을 보유했었는데 월마트는 19개 상점이었다. 케이마트는 매출이 8억 불 이상이었는데 월마트 매출은 900만 불에 불과했었다.

업계의 선두주자로서 케이마트는 월마트보다 월등한 위치에 있었다, 그러나 월마트가 서서히 능력을 보강하면서 시장을 잠식해 왔다. 케이마트는 더 부유하고 유행에 민감한 고객들을 좇기 위해 고가품에 눈을 돌리기 시삭하였다. 케이마트는 고객을 환대하는 분위기, 친절한 직원들, 다양한 가격대의 유행에 민감한 상품을 판매하려는 전략을 실행하기 위한 리모델링 프로그램에 수십억 불을 쏟아 부었다.

모든 사업을 헐값에 매각

케이마트는 핵심사업에서 크게 벗어나서 전문 소매업에 뛰어들었다. 슈퍼마켓과 백화점을 혼합한 아메리칸 페어, 자가수선 자재와 장비를 취급하는 빌더스 스퀘어, 사무용품 점포인 오피스 맥스, 약국체인 페이레스 드럭 스토어, 운동용품 전문상점 스포츠 오소러티, 서점체인 보더스 그룹과 월든북스, 창고형 할인매장 페이스 멤버십 웨어하우스 등 여러 가지 사업을 하게 된 것이다. 결국, 케이마트는 이 모든 사업을 헐값에 매각해야 했다.

1990년대 초반 케이마트는 월마트에 가격으로 도전하는 것을 목표로 삼고 가격인하를 단행하였다. 그런데 이는 수익률을 떨어뜨리는 것 외에 아무런 효과도 가져오지 못했다. 결국 '싼값을 찾아다니는 아줌마들'을 핵심고객으로 삼게 되었다. 케이마트는 고객을 배려하는 친절한 직원이라는 요소도 현실화시키지 못했다. 케이마트의 평균 고객연령은 55세, 월마트는 45세였다. 케이마트는 여러 차례 월마트에 도전하는 전략으로 선회하였지만 성공하지 못하였다.

실행력은 부족하고 일관성이 없었다

케이마트는 10년 동안 실행력의 부족을 나타냈다. 운영, 물류 등에 있어서 크게 뒤떨어져 있었고 약속을 이행할 능력이 없었다. 어떤 점포에서는 상품이 분실되었고 관리자들은 상품의 접수를 거부하는 사태가 발생했다. 진열상태는 엉망이었고 전략은 혼란스러웠다. 회사의 실행력은 불확실하고 일관성이 없었다. 결국 악몽과도 같은 재고관리 문제가 생겨나게 되었다.

케이마트의 점원들은 업무시간 중 고객을 응대하는 시간이 22%에 불과하였다. 경영자들은 4천만 불을 절감할 수 있는 프로세스 개편 제안을 단호하게 거부하기도 하였다. 점포들은 판매시점관리(POS) 스캐닝 시스템과 인공위성 시스템을 모두 갖추고 있었는데 문제는 그것들이 제대로 사용되지 못했다. 운영능력도 부족했고 주어진 기술을 최대한 활용하겠다는 경영진의 의지도 부족했다.

매장 직원들의 사기도 크게 떨어져

월마트가 직원 개개인을 강조하는 것과 달리 케이마트는 점포 관리자에게 중점을 두고 있었다. 그 결과 케이마트를 표현할 때 "답답한, 고루한, 차가운, 손익계산만 하는" 등과 같은 형용사가 사용되었다. 매장 직원들의 사기도 크게 떨어져 있었다. 2001년 5월 코나웨이는 "고객 서비스를 실천하는 것이 우리의 새로운 문화다"라고 선언했는데 8개월 후 케이마트는 파산하였다.

케이마트는 상의하달식 경영이 전통이었다. 소수의 사람들이 의사결정을 하는 조직구조였다. 후에 모든 책임을 점포관리자에게 위임하는 체제로 개편하였는데 조직구조를 단순화시키는 데에는 실패하였다.

이직률은 치명적인 수준에

케이마트의 경영진의 이직률은 치명적인 수준에 이르렀다. 이 회사는 외부 사람 30명 이상을 영입해 새롭게 경영진을 구성하기도 하였다. 척 코나웨이가 최고경영자로서 책임을 맡은 후 1년 후에는 40명의 기존 경영진 중 오직 8명만이 남아있었다. 계층적인 구조 때문에 승진할 기회도 많지 않은 케이마트는 인재들을 확보하기 어려웠다.

케이마트 리더들은 보수적이었고 상의하달식 통제에 익숙한 이들이었다. 또한 외부에서 새로운 경영자를 영입한 결과 자사의 강점과 약점에 대해 잘 알지 못하였다. 외부에서 영입해 온 찰스 치니가 팔리지도 않는 상품을 엄청나게 사들인 후 막대한 손실을 보고 처분한 사건이 발생하기도 했다. 직원들의 사기는 저하되었고 유능한 인재들을 제대로 활용하지 못하였다.

케이마트의 점포들보다 평균 10년 이상 새것처럼 보이는 월마트의 점포들이 있었다는 사실이다. 케이마트는 탁월한 혁신능력을 보여주지 못하였다. 인수합병에 관한 케이마트의 경험은 그 위험성을 잘 보여주었다. 대부분의 케이마트의 합병, 제휴 노력은 불행한 결말을 맺었다.

약간의 태만이 불행으로 귀결될 수

가장 큰 손해를 본 것이 유통업체인 플레밍과 맺은 45억 불짜리 계약이었다. 케이마트는 이러한 사업계약에서 일관성이 없었다. 케이마트의 이사회는 최고경영자인 척 코너웨이가 차입한 500만 불을 탕감해 주었다. 케이마트의 방만한 운영은 극에 달했다. 오래 전에 벤자민 프랭클린은 "약간의 태만이 불행으로 귀결될 수 있다"라고 말했는데 케이마트는 이를 실천한 꼴이 되었다.

케이마트는 초창기에 강력한 브랜드를 구축했지만 경쟁사인 타깃과 월마트에 시장을 빼앗겼다. 케이마트는 오래된 사업전략과 마케팅을 고집하다가 결국 대규모 해고, 점포 폐쇄, 파산이라는 수순을 밟게 되었다. 케이마트는 월마트보다 선두주자였으며 우월한 위치에 있었다. 그럼에도 그러한 유리한 위치에서 가치에 헌신하지 못했다. 그와 반대로 돈을 추구하느라고 원칙 없이 우왕좌왕하는 경영을 하여 왔다. 그 결과는 파멸이었다는 사실이다. 아무리 유리한 상황에 있어도 가치를 창출하지 못하면 결국은 망한다는 것을 케이마트는 보여주었다.

chapter 16

성공 불가능한 천민의 탁월한 가치

탁월한 마케팅의 원리

chapter 16

성공 불가능한 천민의 탁월한 가치

상식적으로 성공할 수 없는 열악한 조건

필자는 서문에서 "영리기업이나 비영리단체 등이 하는 활동만이 아니라 개인들의 활동도 마케팅의 영역이 될 수 있다. 직장인은 조직 내 모든 직위의 사람들과 업무관계를 하고 있으며 가치를 전달해야 할 책임이 있다. 자신의 가치를 잘 전달하는 사람은 뛰어난 마케팅 활동을 하는 것이며, 그렇지 못한 사람은 무능한 마케팅을 하는 것으로 볼 수 있다"라고 언급한 바 있다.

필자가 일본에서 자주 갔던 오사카는 도요토미 히데요시가 건축한 오사카성이 있었으며 그의 자취가 여러 곳에 드러나는 곳이었다. 직면하는 상황에서 자신의 가치를 증명하고 떳떳한 역할을 하는 것은 개인적 마케팅이라고 할 수 있다. 사회는 시장이며 여기에서 자신의 가치를 증명하는 것이 마케팅이다.

히데요시는 상식적으로 성공할 수 없는 매우 열악한 조건을 안고서 일본 전국을 통치하는 위업을 달성했다. 이는 그가 자신의 상황에 능동적으로 대처하면서 만나는 사람들을 고객으로 여기며 자신의 가치를 증명하였기에 이루어진 업적이었다. 요컨대 도요토미 히데요시는 개인적 마케팅의 탁월한 실행자였던 것이다.

가난한 천민의 자식

도요토미 히데요시는 천민으로 태어나 일본 전국을 제패한 나름의 업적을 이룩하였다. 히데요시는 임진왜란을 일으킨 주역으로서 악평을 받는 인물인데, 그의 삶을 냉철하게 살펴보면 인간적인 면에서 중요한 가치를 발견할 수 있다는 사실이다. 사무라이 히데노리는 1931년생으로 도요토미 히데요시를 50년 가까이 연구해 왔다. 필자는 그의 저서를 비롯하여 여러 자료에서 히데요시의 탁월한 가치를 발견할 수 있었다.

도요토미 히데요시는 가난한 천민의 자식이었다. 히데요시는 칼과 창을 잘 쓰지 못하는 무사로서 실력이 없었다. 그는 용모가 보잘 것 없어 남들보다 불리한 위치에 있었다. 가문, 실력, 재산, 외모 등 성공의 조건을 하나도 갖추지 못한 그가 일본의 전국을 통치한 권력자가 되었던 것은 특별한 가치를 추구했기 때문이었다.

자신을 소와 말이라고 생각해

히데요시는 여러 역경을 겪었으며 결국 오다 노부나가1534-1582년의 부하가 되었다. 히데요시는 "나는 어려서 아버지를 잃고 고아가 되었으나 노부나가 공을 모시게 되자 몸은 산과 들에 버리고 뼈는 바다의 파도에 닳아 없어질 각오를 하였다. 아침에는 누구보다 일찍 일어났고, 누구보다 늦게 잠자리에 들었다. 그렇게 노부나가 공에게 충의를 다하여 전공을 세웠다"고 말했다.

무장 아라키 무라시게가 히데요시의 성을 방문하여 까다롭기로 평판이 있는 오다 노부나가를 대하는 방법을 물었다. 히데요시는 "자신을 소와 말이라고 생각하면서 일하는 것입니다"라고 대답했다. 히데요시는 무라시게에게 "첫째, 오다 공께서는 뛰어난 재능과 지략을 가지고 계십니다. 둘째, 그 분은 저 같이 미천한 사람에게도 실력을 인정하시고 승진의 길을 주셨습니다."라고 말했다. 그는 까다로운 노부나가를 진정으로 존경하고 받들었다.

목숨을 아까와 하지 않고

히데요시는 부엌 담당으로 임명되었을 때 땔감 사용량을 면밀히 체크하고 개선하여 땔감 사용량을 1/3로 줄였다. 또 상인을 통하지 않고 직접 마을로 나가 산에 있는 나무를 사들이기도 했다. 그는 세이슈 성의 보수공사가 20일이 지나도 진척되지 않자 인부를 불러 모아 먼저 한바탕 술판을 벌였다. 그리고 그들을 10조로 나누어 10칸씩 일을 맡겨 경쟁시키고 독려했다. 그랬더니 단 이틀 만에 공사를 완수하였다고 한다. 노부나가는 이 일을 보고는 히데요시의 역량에 감탄했다.

히데요시는 말재주가 좋은데다 실행력이 있어 목숨을 아까와 하지 않고 행동했다. 전쟁에서 적을 회유하기 위해 대담하게 적의 성으로 들어가 노부나가와 같은 편이 되면 얻게 될 이득을 들먹이며 설득하였다. 목숨을 건 일이었다. 히데요시는 다카오카 성을 공격했을 때, 혼자 성벽을 타고 올라가 적장과 담판을 벌였고 결국 항복을 받아내는 데 성공했다. 적장의 목숨, 신분, 재산 등을 보장해주는 조건이었다.

냉혹한 노부나가도 눈물을

히데요시는 노부나가와는 달리 과거의 일에 앙심을 품지 않았다. 뛰어난 전투능력을 지닌 다케나카 한베를 열 번에나 방문하여 결국 자신의 군사軍師로 영입했다. 히데요시는 잔치와 같은 자리를 마련해 분위기를 단결시키는 재주가 뛰어났다. 그는 부하들의 공을 추켜세워 사기를 북돋았다.

노부나가가 전투에 쫓겨 도망칠 때에 철수하는 그를 위해 방파제가 되는 일도 하였다. 노부나가 군대가 큰 곤경에 빠져 철수해야 하는 절박한 상황이었는데 맨 뒤에 남아 적을 막아줄 후위대가 필요했다. 후위대는 가장 위험한 부대로 죽음을 각오해야 했다. 히데요시는 노부나가에게 "제가 하겠습니다"라고 자원하였고 냉혹한 노부나가도 눈물을 흘렸다고 한다. 결국 히데요시는 이 싸움에서 목숨을 걸고 분전하여 같은 편을 무사히 철수시켰고 그도 살아남았다.

히데요시는 돗토리 성 공격에서 주변의 곡식을 모두 사들이고 포위망을 구축하여 담을 쌓았다. 성을 고립시키고 곡식을 차단한 것이다. 이렇게 하여 승리했다. 다른 전투에서는 큰 배 20여 척을 강에서 끌어와 돌을 싣고 강을 막아 제방을 완성했다. 그리고 물을 터서 성이 물에 잠기게 하여 승리를 거두었다는 것이다.

뭔가를 끊임없이 배우려고

히데요시는 가난해서 학문을 배우지 못했고 교양도 익히지 못했지만 뭔가를 끊임없이 배우려고 했다. 그는 철포와 화약에 관한 군사적인 지식, 다도, 와카, 노 등 다방면에 걸쳐 배웠다. 그는 자신이 천민에서 출발했음을 의식했고 겸손한 자세를 유지했다.

히데요시는 항상 선배를 우대했다. 선배에게 "의견을 들으러 왔습니다"하고 방문하여 선물을 주기도 하였다. 그는 의리가 있었다. 노부나가가 히데요시를 가리켜 "의리 있는 놈"이라고 부를 정도였다. 히데요시는 노부나가의 기분을 잘 맞추었다. 히데요시가 공을 세워 노부나가로부터 백 만석의 영지를 받았는데 그는 "나는 백 만석이 내 것이라고 생각하지 않는다. 이 백 만석을 밑천으로 주군에게 열 배는 더 벌게 해드릴 작정이다"라고 그의 측근에게 말했다.

할 수 있는 이유만을 생각하고 행동해

히데요시는 야단을 맞거나 호통을 들어도 머리를 숙이고 열심히 일을 했다. 그에게는 가문도 실력도 재산도 없었기 때문이다. 오다 노부나가가 히데요시를 매우 아낀다는 소문이 주변에 돌았다. 이 소문을 들은 노부나가는 "내가 어째서 원숭이를 아끼고 있는가 하면, 그는 안 되는 이유가 아니고 할 수 있는 이유만을 생각하고 행동하기 때문이지. 결과적으로 일이 실패로 돌아간다 하더라도 그는 그저 사과만을 할 뿐, 쓸데없는 변명은 늘어놓지 않네. 그런 마음가짐이 마음에 들어서야"라고 말했다. 원숭이란 히데요시의 별명이었다.

히데요시가 신발관리인으로 있을 때 노부나가의 짚신을 품에 넣어 따뜻하게 하였다는 일화는 유명하였다. 노부나가의 급한 성미와 재빠른 행동을 이해하고 똑같은 행동리듬으로 맞추기 위해 히데요시는 노력했다. 노부나가의 성격에 맞춰 요령 있게 짧은 말로 설명하기도 했다.

부하의 의욕을 소중히 여겨

1577년 히데요시는 주고쿠 정벌사령관으로 임명받았다. 스노마타라는 곳에 요새를 쌓는 일에 여러 장군들이 실패하였다. 히데요시는 건축자재를 강물에 흘려 운반하는 아이디어를 생각해냈다. 그는 목재를 상류에서 제재한 후 미리 조립한 상태로 운반하여 겨우 며칠 만에 요새를 완성하는 실적을 이루기도 하였다. 그 유명한 '스노마타 일야성'이다. 이 성공으로 히데요시에 대한 노부나가의 평가는 결정적으로 바뀌어 출세가도가 열렸다.

히데요시는 부하들을 칭찬하는 것을 잘했다. 히데요시는 "나는 사람을 배신하지 않습니다. 나는 사람에게 잔인한 일은 하지 않습니다"라고 말했는데 그는 신의가 두터운 남자였다. 히데요시는 부하의 의욕을 소중히 여겨 부하들의 보수를 가능하면 후하게 지급하도록 하였다.

히데요시는 부하를 '동생'이라고 부르기도 하고 달필의 편지를 활용하여 사람들을 감동시켰다. 히데요시는 천하통일의 막바지에서 히데요시의 대군을 앞에 두고 항복한 시마즈 요시히사를 극구 칭찬하였다. "당신은 일본에서 가장 뛰어난 대장이오. 자신의 체면보다 천하의 평화를 더 소중하게 생각해 항복해 주셨소"라고 추켜올리며 정중하게 맞이하였다. 히데요시는 사람의 마음을 다루는 뛰어난 실력이 있었다.

젊은 시절 행상으로 바늘을 팔고

노부나가가 시해된 후, 후계자 싸움에서 히데요시는 주민들의 협력이 필요하였다. 그는 "내 병사들에게 먹게 해주고 횃불을 밝혀 비춰주시오. 이 전투가 끝나면 반드시 상을 내리겠소. 또 쌀과 콩은 그 열 배로 되돌려 주겠소!"라고 선언하였다. 결국 주민들의 협력으로 승리를 얻을 수 있었다. 히데요시는 구로다 간베의 공으로 노부나가에게 말을 상으로 받은 적이 있었다. 그는 말을 간베에게 주면서 "이 말을 받아주게. 칭찬을 받아야 할 사람은 내가 아니라 자네야!"라고 말했다.

히데요시는 젊은 시절 행상으로 바늘을 팔고 다녔다. 히데요시는 아내를 맞이할 때, "나처럼 못생긴 남자가 당신처럼 훌륭한 여성을 아내로 맞이하다니 꿈처럼 행복합니다"라고 말하면서 오네에게 엎드려 절을 했다고 한다. 그는 아내인 오네와 부부금실이 좋았다.

전국시대에 "오다 노부나가공이 좋아하는 것은 말과 원숭이다"라는 말이 있었다. 원숭이는 히데요시를 가리킨다. 히데요시는 싸우지 않고 이기는 것을 상책으로 생각했다. 그는 결단을 내리면 실행하는 힘을 발휘했다. 그는 최고 자리에 올라간 후에도 미천한 신분인 배우들과 나란히 천황 앞에 선 적도 있을 정도로 겸손을 잃지 않았다.

가치에 헌신하는 자는 뛰어날 수

1582년 노부나가가 살해되자 히데요시는 주고쿠에서 철수하여 미쓰히데를 격파하고 최대의 실력자가 되었다. 그는 1585년 7월 간파쿠에 올랐다. 이어 이듬해에 태정대신이 되어 천황으로부터 '도요토미'라는 성을 하사받았다. 히데요시는 1591년 6월 반란을 진압하고 천하통일의 위업을 완성하였다. 120여 년에 걸친 전란은 막을 내렸다. 1592년, 그는 조선 출병을 통해 확장하려 했으나 실패하였다. 그 여파로 1598년에 그는 죽었다.

히데요시는 가문, 실력, 재산, 외모 등 성공의 조건을 하나도 갖추지 못하였다. 그러한 그가 일본의 전국을 통치한 권력자가 되었다는 것은 기적과 같은 일이었다. 그는 자기의 가치를 향상시키기 위하여 모든 것을 바쳤다. 환경이 아무리 열악하더라도 가치에 헌신하는 자는 결국 남보다 뛰어날 수 있다는 사실을 그는 증명했던 것이다. 가치를 창출하고 그것을 증명하는 것 그것이 마케팅의 요체인 것이다. 가치에 모든 것을 바치는 사람은 생존력이 강하다는 사실이다.

chapter 17

공업회사들의 탁월한 가치

탁월한 마케팅의 원리

chapter 17

공업회사들의 탁월한 가치

다나베건설공업의 탁월한 가치

성패는 사람들의 마음에 의해 결정

다나베 가즈노리는 30세인 1963년에 맨주먹으로 다나베건설공업을 세워 건설토목 사업을 시작했다. 그러나 5년째 되던 해 연말에는 도산 직전의 상태에 빠지고 말았다. 회사에 한 푼도 없자, 그는 그동안 모은 돈을 보너스 겸 퇴직금으로 내놓고 회사에 나오지 않아도 좋다고 말했다. 그러나 전 직원이 출근하였다. 다나베는 감동하였다. 모든 직원이 열심히 일했고 2년 후 회사는 흑자로 전환되어 3년 후에는 빌딩까지 가질 수 있게 되었다. 다나베는 저서를 통하여 자신의 진솔한 경험을 밝혀주었다.

그는 감동이 얼마나 중요한 것인가를 배웠다. 다나베는 사람을 신뢰하는 것이 얼마나 중요한 것인가를 알게 되었고 그 신뢰에서 오는 기쁨과 감동으로 회사는 다시 일어났다. 기업의 성패는 사람들의 마음에 의해 결정된다는 것을 그는 깨달았다.

“인간 만들기”에 바탕

이 회사는 사장과 임직원들을 매년 규율이 아주 엄격한 합숙연수원에 모아 “인간 만들기”에 힘써 왔다. 다나베는 “기업은 성장하겠다는 꿋꿋한 정신과 의지가 필요하다. 그 핵심은 감동이다”라고 말했다. 감동과 신뢰의 뿌리는 ‘인간 존중’이며 ‘사랑’이라고 그는 생각했다.

다나베의 “인간 만들기”에 바탕을 두고 있는 특징은 발탁과 좌천 인사였다. 그는 “기업의 생명은 사람이다”라고 말했다. 심한 경쟁을 이겨내는 강한 기업이 되기 위해서는 더 우수한 인재를 축적하는 수밖에 없다는 것이다.

다나베는 그의 회사에서 상무에서 평사원으로, 부장에서 과장 또는 평사원으로 좌천시키기도 했다. 이는 당사자에게 가혹한 일이었다. 계급구조가 뿌리를 내린 일본사회에서 그의 조치는 혁명적이었다. 그는 이를 단행하기 위하여 신중에 신중을 기했다. 그의 회사에서 좌천의 치욕감을 이기고 재출발함으로 훨씬 더 크게 된 간부도 있었다. 상무이사에서 평사원으로 좌천된 사람은 3년이 지난 후, 새로운 회사를 설립하라는 발령을 받았고 사장으로 취임했다.

칼과 같은 엄격함이 필요하다

다나베는 "경영자에게는 편한 경영을 시키지 않는다는 것"이 그의 신념이었다. 그는 일을 지시하여 즉시 실행되지 않으면 계속 재촉하여 왔다. 또한 직원들에게 "때를 놓치지 말 것, 결단과 실행, 안이한 타협을 하지 말 것" 등을 강조했다.

다나베는 1963년에 '다나베 건설공업'을 설립하고 사업이 성장함에 따라 여러 번 회사를 분리하였는데 그로 인해 16개 회사가 생겼다. 그는 "인간 만들기에는 평가나 인사에 있어 칼과 같은 엄격함이 필요하다"라고 말했다.

다나베가 오이타현에서 최초의 아스팔트 제조판매회사를 세웠을 때, 공해토질 컨설턴트회사를 설립했을 때, 컴퓨터 소프트웨어 전문학교를 설립했을 때, 피트니스 클럽을 개설했을 때 모두 10년 앞을 내다보고 한 것이었다.

경기흐름에 맡겨두는 무의욕, 무기력

다나베는 "경기흐름에만 몸을 맡겨두기만 하는 기업은 무의욕, 무기력한 기업이다"라고 말했다. 그는 임직원들이 안정된 기분이 들기 시작하면 이동시키거나 자극적인 조치를 취했다. 다나베 그룹에선 1987년부터 3출 운동을 전개했다. 3출이란 1. 뛰어나가라비출 2. 비어져 나오라돌출 3. 끌어내어라인출이다. 앞으로 뛰어나서는 것, 새로운 분야에 적극적으로 도전해 가는 것, 잠재능력을 스스로 끌어내는 것을 말하는 것이다. 이는 자기혁신 의식을 조성하였다.

다나베는 "자기혁신을 하기 위해서는 부단한 공부가 필요하다"라고 말했다. 그가 말하는 공부는 현재의 업무영역을 넘어선 공부였다. 넓은 분야의 독서가 필요하다고 그는 생각했다. 다나베는 과학적인 건설업을 세워야만 선발기업을 따라잡고 앞지를 수 있다고 생각했다. 그래서 그 자신이 공부를 했다. 스스로 꿈을 실현하려는 의욕이 자기혁신의 노력을 환기했던 것이다.

정신 자세를 판단하는 기준으로

다나베는 "품성이 간부의 첫째 조건인 것이다"라고 말했다. 그것이 기업 파워의 원천이 된다는 것이다. 다나베는 창업 직후의 공사에서 측벽공사부분에 치수가 5밀리 틀린 것을 발견했다. 그는 측벽공사를 처음부터 다시 하도록 지시했다. 비용이 수백만 엔 더 들어가는 아픔이 있었으나 다나베는 신용의 중요함을 체험했다. 다나베 그룹의 현장 작업원은 반드시 흰 와이셔츠에 넥타이를 착용하여 왔다. 또한 모발과 손톱 등 용모도 단정해야 했다. 그래야 작업을 할 자격이 있다는 것이다. 이를 정신 자세를 판단하는 기준으로 삼고 있는 것이다.

간부들은 다나베가 "경영자라기보다 교육자처럼 변했다"고 말했다. 다나베는 경영자는 머리를 숙일 줄 알아야 하며 경영의 엄격함을 실천해야 한다고 생각했다. 그는 무슨 일이 생기면 먼저 책임을 지려는 자세에서 일의 즐거움과 충실함이 생긴다고 강조하였다. 그래야 감동과 신뢰를 줄 수 있다는 것이다.

연구를 거듭해야만 길이 열린다

다나베에게 간부의 책임은 '회사 전체의 실적향상과 성장'이었다. 그는 실적부진의 총책임은 사장이라고 생각했다. 다나베는 어떤 공사를 지정 기한보다 두 배로 빨리 완성할 것을 지시했다. 그의 무리한 것 같은 지시는 발상의 전환을 해야 실행이 가능하였다. 발상을 전환시켜 연구를 거듭해야만 길이 열린다는 것을 그는 경험했다.

다나베 그룹은 사원이 가장 위에 있고 그 밑에 간부, 맨 밑에 사장이 있다. 다나베는 계속 배웠는데 결국 잘 배울 수 있는 사람이 우위에 설 수 있다는 사실을 깨달았다. 그는 1990년에 한 제도를 도입했다. 희망하는 사원이 입후보하면 심사를 통해 임원으로 발탁하는 제도였다. 발탁되는 임원에게는 필요한 공부와 능력과 정신자세가 중요하였다.

다나베 그룹은 경영내용을 모든 사원들에게 완전히 공개했다. 다나베는 "인간에게 중요한 것은 자존심 또는 긍지이다"라고 말했다. 그는 더 중요한 것은 마음이며 신뢰라고 말했다. 다나베 그룹에서는 끊임없는 연수를 통해 "인간 만들기"에 노력하여 왔다. 다나베가 추구했던 탁월한 가치는 그의 기업들을 우수한 경쟁력을 갖추게 한 원동력이었던 것이다.

오늘도 뭔가를 배웠다는 보람

오카노 마사유키는 1930년생으로 초등학교를 졸업하고 한량과 같은 생활을 하다가 1972년 오카노 공업사를 설립하였다. 그는 성공한 기업인으로 인정받게 되었고 미국의 타임지가 그를 취재하러 오고 한 달에 두세 번은 강연을 다니게 되었다. 그가 유명해진 것은 휴대폰의 전지 케이스를 개발하면서부터였다. 미국 국방성이나 NASA에서도 그를 찾아왔다. 그가 가진 기술이 미국의 첨단 산업에서 절실하게 필요한 것이었기 때문이다. 오카노는 자신의 경험을 저서를 통하여 알려주었다.

오카노 공업은 임직원이 전부 6명이다. 오카노는 금형과 프레스 일을 하였다. 얼마 전에 그는 맞아도 아프지 않은 주사기를 개발했다. 1년 반의 연구개발에 시제품이 만들어졌는데 길이가 20밀리, 직경이 0.06밀리였다.

20여 년 전에, 오카노는 '사방변'이라는 에어컨 부품을 개발하면서 말할 수 없는 실패를 맛보았다. 그해에는 3만5천 엔의 수입밖에 없었다. 그는 다시 도전할 수 있다는 희망, 오늘도 뭔가를 배웠다는 보람 때문에 버틸 수 있었다고 한다.

현금보다 더 중요한 것이 노하우와 실력

오카노에게 눈앞의 현금보다 더 중요한 것이 노하우와 실력이었다. 그는 사람은 실패에서 배우는 근성이 있어야 한다고 생각했다. 그에게 뚜렷한 목표는 가장 큰 원동력이 되었다. 오카노는 프레스 가공에 관해 독일 책을 눈으로 봐가며 혼자 공부했다. 그림과 도면을 뚫어지게 쳐다보면서 20여 년 매일 보았다는 것이다. 그는 제품 검사를 제대로 해야 한다는 기초 중의 기초를 배웠다.

프레스 가공에는 압출(구멍을 파는 일), 굽힘(재료를 U자나 V자로 구부리는 기술), 드로잉(이음매가 없는 그릇 모양 또는 통 모양의 제품을 성형하는 가공법) 등이 있다고 한다. 딥 드로잉은 깊게 드로잉하는 가공법이다. 오카노에게 제조 과정에서 공정을 몇 단계로 하느냐가 중요했다. 그 다음으로 기름의 조합이 중요하였다.

기본을 잊지 않는 것은 생명

오카노는 "기본을 잊지 않는 것은 로테크 기술자에게는 생명과 같은 것이다"라고 말했다. 그에게 휴대폰 소형화의 1등 공신은 건전지 소형화였다. 오카노는 기술면에서 최고였기 때문에 돈을 벌고 대접을 받았다. 그는 카본을 가공하는 기술을 개발했고 특허도 취득하였는데 미국 국방성에서 카본 가공기술을 스텔스 전투기에 사용하고 싶다고 연락이 왔다. 2001년에는 미국 항공우주국으로부터 주문을 받았다. 오카노가 스테인리스를 넘어 티타늄을 딥 드로잉하는 기술을 완성했기 때문이다.

오카노에게 도면은 정확한 의사소통의 수단이었다. 그의 경우는 도면이 자꾸 바뀌는데 도면을 생각하면서 시행착오를 거듭하였다. 그는 도중에 포기하는 것을 매우 경계했다. 오카노는 "사업에서 실패하는 것은 포기해버리기 때문이다"라고 말했다. 그에게는 기술을 축적하고 기회를 준비해두는 것이 중요하였다. 많은 기업들이 유행만 좇아가다가 소중한 기본적인 기술을 소홀히 해버렸다고 그는 생각했다.

숨겨진 원리를 모르면 창조는 불가능

오카노는 "기본 기술에 숨겨진 원리를 모르면 수준 높은 창조는 불가능하다"라고 말했다. 그는 숨겨진 깊은 원리를 알기 위해 나름의 학습을 하여 왔다. 그는 1930년생으로 1945년에 초등학교를 졸업한 것이 마지막 학교였다. 그런 그가 깊은 원리를 알기 위해 학습하는 것은 시험이나 점수와는 관련이 없는 그야말로 순수한 학습이었다. 그는 인생은 남들이 하자는 대로 몰려가면 곤란하다고 생각했다.

사람들이 오카노에게 물었다. "오카노씨는 어떻게 계속 새로운 아이디어가 떠오르나요?" 그는 어렸을 때 실컷 놀았기 때문인 것 같다고 생각했다. 오카노의 아버지는 금형 전문기업으로 1938년에 오카노 금형제작소를 창립하였다. 오카노는 기계 만지는 것이 흥미가 있어 배우고 싶었다.

금형을 프레스 및 노하우와 세트로 해서

1960년말, 그는 아버지 공장의 보조로 일을 시작했다. 3년이 지나면서 공장의 일부를 빌려서 자기 일을 시작하였다. 선반은 벨트식과 직결식이 있었다. 벨트식은 1분에 8백회전인데, 직결식 선반은 최소 1천5백, 빠를 때는 3천 회전이었다. 오카노는 이 기계를 70만 엔에 외상으로 구입하였다. 이 직결식으로 하니까 3일에 걸릴 일을 하루 만에 할 수 있었다.

오카노에게 직결식 선반을 외상으로 준 영업소장은 히타치 전선을 소개해 주었다. 금형 공장은 매출액이 극과 극을 오르내렸다. 프레스 일에서 금형 일이 나오기 때문에 오카노는 프레스 일에 도전하기로 하였다. 당장의 밥벌이는 안정적인 프레스 일로 하고, 금형 쪽에서 수익이 좋으므로 돈을 벌 수 있었다. 그는 금형을 단품으로 파는 것이 아니라 프레스 및 노하우와 세트로 해서 플랜트로 팔 수 있었다.

끊임없이 혁신하는 것이 참된 성실

오카노는 "우리 회사가 금형 전문이었다면 오래 전에 망했을 것이다"라고 말했다. 금형 공장은 프레스 공장의 보조와 같은 존재였고 프레스 공장의 하청을 받을 뿐이었다. 프레스 공장은 가격을 후려치는 일도 다반사였다. 초경합금으로 만든 금형이 등장하였기에 종래보다 장기간 사용할 수 있어서 금형 수요는 감소할 것이 뻔하였다.

오카노는 부지런히 투자하여 더 좋은 프레스기술을 확보했다. 그는 매일 조금씩 변화하는 습관을 길러야 변화에 익숙해질 수 있다는 사실을 알게 되었다. 자신의 기술을 끊임없이 혁신하는 것만이 참된 성실이라고 오카노는 생각했다.

오카노 회사 앞에는 "골칫거리를 들고 찾아오세요"라는 팻말이 붙어있었다. 오카노는 다른 회사가 만든 제품을 가지고 와서 "이렇게 똑같이 만들어 달라"는 주문은 절대 받지 않았다. 남들이 하지 않는 일을 하겠다는 것이다. 그렇게 마음을 먹고 둘러보니 일거리가 의외로 많았다. 철저한 기술력의 승부이며 전략이었다.

더 어렵고 고난도의 일감을 찾아다녀

오카노는 새벽 2, 3시까지 공장에서 틀어박혀 일을 하곤 하였다. 그의 일은 원가가 100만 엔이라면 나머지 소요경비는 모두 노하우였다. 그는 상대방이 얼마나 예산을 잡고 있는지 물어보았다. 오카노가 요구한 대로 할 수 없다면 그는 결코 일을 맡지 않았다. 그는 요즘도 3시간밖에 잠을 자지 않는데, 옛날부터의 습관이라는 것이다.

오카노는 크고 작은 여러 가지 일들을 하면서 더 어려운 고난도의 일감을 찾아다녔다. 프레스와 금형 일을 한꺼번에 맡기 때문에 수익이 좋았으며 프레스 기계의 윤활유에도 노하우가 들어 있었다. 오카노 회사에는 기름의 종류만 50종류 이상이 있었다. 보통 기름으로 1분간 20회밖에 움직이지 않지만 오카노가 섞은 기름을 사용하여 개조한 프레스기를 사용하면 80회 정도 움직일 수 있었다.

오카노공업은 직원이 6명이다. 오카노에게 기술이라는 것은 훔치는 것이었다. 그는 공부도 원하는 학생, 자세가 된 학생이 해야 제대로 성적이 나온다고 생각했다. 그에게는 기술도 똑같았다. 오카노에게는 기술이나 노하우가 돈보다 먼저였다. 돈을 중시하는 것은 돈이 없으면 일도 철저히 할 수 없게 되기 때문이었다. 그에게 우선순위는 일이 가장 먼저였는데, 돈은 그에 따른다는 확신이 있었기 때문이다.

신용하게 만들어야 진짜 장사

오카노는 "모든 것을 신용하게 만들어야 진짜 장사가 되는 것이다"라고 말했다. 그는 하청공장에 외주를 줄 때에도 절대로 값을 깎지 않았다. 그는 "당신이 손해를 보지 않도록 견적을 계산하라"고 미리 말했다. 제값에 제대로 일을 해야 일이 잘 풀리는 법이라는 것이다.

오카노는 판단할 수 있는 정보를 가지고 있으면 큰돈을 벌 수 있다고 생각했다. 그에게 기술과 정보는 한 세트이며 중요한 것은 앞으로 이렇게 될 가능성이 높다는 것을 아는 것이었다. 그는 프레스 제품의 경우 같은 일을 절대로 3년 이상 하지 않았다. "이것만 하면 일생토록 안정적으로 살 수 있다"는 따위의 일은 없다는 것이다.

오카노는 회사를 크게 키우지 않았다. 그는 일을 모두 하청공장에 맡기고 하청공장에게 기술을 가르쳐주는 아웃소싱을 하였다. 또한 한 제품을 3년만 하면 소프트웨어까지 몽땅 팔아치우고 다음 제품에 몰두하였다. 그는 평소에 생각을 많이 하는 사람이 정보를 얻을 수 있다고 생각했다. 그래서 그는 살아남으려면 필사적으로 정보를 모아야 한다고 생각했다.

실력과 인간성을 존중하는 게 현명

오카노는 "실력과 인간성을 존중하는 게 제일 현명한 방법이라는 것을 나는 깨달았다"라고 말했다. 요컨대 실력과 정신력이 제일 중요하다는 것이다. 그는 대기업과 특허를 공유하였다. 그래야 특허 침해가 줄어든다고 생각했다. 개발자와 신청자라는 입장에서 특허를 공동으로 얻는 것이다. 그는 대기업과 대등하게 거래하여 왔다.

오카노에게 독일 책을 읽으며 공부하라고 조언했던 인생 선배는, "오카노 군, 후일 성공해도 첩과 별장만은 가지지 말게. 일생동안 유지할 수가 없기 때문이야."라고 말했다. 그는 그 선배의 말을 지금까지 지키며 살아왔다. 오카노는 가족을 소중히 여겨야 한다고 생각하였는데 가족은 인생의 기본 바탕이 되기 때문이었다.

무엇이든 최고의 재주가 있어야

오카노는 "돈보다 중요한 것이 일이고 사람이다"라고 말했다. 그는 모든 것이 사람에게 혜택이 돌아가야 한다고 생각했다. 금형이나 프레스 가공 기술자는 항상 새로운 기술을 연구하고 익혀야 하였다. 그는 "무엇이든 최고의 재주가 있어야 한다"라고 말하였다. 그의 손자는 '미꾸라지 잡기'에서 일본 제일이 되었다. 그것이 손자의 학교 성적보다 더 자랑스럽다는 것이다. 그는 절대로 돈을 좇지 않았다.

오카노는 수시로 강연에 초대받아 왔다. 그는 강연을 다양한 소재로 하지만 결국 "견디자! 지금만 참으면 더 나은 기회가 온다. 무엇 하나라도 제대로, 피땀 흘려 하는 사람에겐 길이 열린다. 질투나 증오 같은 감정은 나를 깎아먹는 종양과 같다" 등이 그 핵심이었다. 오카노 공업은 일본을 대표하는 브랜드가 되었다. 그에게 중요한 것은 자기 스스로 변하면서 지독한 장인정신을 갖는 것이었다. 그가 추구했던 탁월한 가치는 지금도 효력을 발휘하고 있다는 사실이다.

chapter 18

개성상인의 탁월한 가치

탁월한 마케팅의 원리

chapter 18

개성상인의 탁월한 가치

개성상인의 좌우명

개성상인은 고려와 조선을 거쳐 일제 강점기까지 한반도의 상업을 주름잡았던 상인 집단이었다. 그들은 '송방'이라는 조직체계와 차인제도라는 경영제도, 사개치부법이라는 부기를 창안했다. 절약과 절제, 근면과 성실, 신용, 협동정신, 최고의 추구 등이 이들의 특징이었다. 필자는 여러 자료와 홍하상의 저서를 통하여 개성상인의 탁월한 가치를 다시 확인할 수 있었다.

개성상인이란 개성과 그 인근 지역 즉 황해도를 포함한 지역의 사람들을 말한다. 이들은 “한 번 잡은 거래처는 절대로 놓치지 마라”, “고객을 속이지 마라”는 사업신조를 고수했다. 한 우물만 파면서 ‘최초 최고의 상품만이 살아남는다’는 것은 개성상인의 좌우명이었다. 이들이 창출하여 왔던 가치는 오늘날에도 큰 영향력을 가지고 있으며 기업의 성공에 효력이 있다는 사실이다.

무차입 경영과 근검절약이 기본

개성상인은 남의 돈을 빌려 장사를 하지 않는 것 즉 무차입경영이 원칙이었다. 이들에게는 근검절약이 기본이었다. ‘검소한 경영’을 하되 사람에 대한 투자는 적극적으로 하는 것이 개성상인이었다. 철저하게 보수적인 경영, 절제된 자기관리, 신용을 목숨처럼 아끼는 상거래 철학을 지키는 것이 개성상인의 특징이었다. 개성상인들은 물건을 팔 때에도 필요 이상의 큰 이익을 남기지 않고 신용을 더 중시하였으며 위험한 거래에는 절대 나서지 않았다.

“현금을 확보하고 사업하라”는 개성상인들의 철칙은 무차입 경영을 고수하였다. 개성상인들은 그들의 활동을 뒷받침해주는 덕목들을 고수하였다. 예를 들면 유통에 관한 덕목, 외국과의 상업, 덕을 넓히는 것, 선을 베푸는 것, 신용을 지키는 것, 항상 겸손하고 공손해야 하는 것, 부모에게 효도해야 하는 것, 가족을 부양하는 것 등이 그 덕목들이었다.

신용을 철저하게 중시하는 자세

개성상인들은 친자식들을 다른 집에 고용살이를 보내 상술을 배우도록 하였다. 이들은 '검소한 경영'으로 유명하였다. 즉 절약을 기본으로 하고 현금을 확보한다는 것이다. 아무리 돈이 많아도 씀씀이를 절제하였다. 개성상인들은 가난한 이웃들에 대한 기부, 교육사업에 대한 투자에는 큰돈을 투자하는 것을 긍지로 여겼다. 이들은 전통적으로 철저한 준법정신이 있었다.

개성상인들의 신용을 철저하게 중시하는 자세는 유명하였다. 또한 이들은 오랜 동안 상업을 해오면서 봉사의 정신, '관계'를 소중하게 여기는 정신이 중요함을 깨우쳤다. 이러한 정신은 공동체에 기여하는 것으로 나타났다. 개성상인이 창업한 회사는 직원들을 가족과 같은 관계로 대우하며 투명한 경영에서 모범이 되었다.

개성상인들은 '아는 것에서부터 창업을 시작하다'는 것을 원칙으로 하였다. 한 눈을 팔지 않고 한 가지 사업에 전념하며 사업 다각화를 위해 무리한 투자를 하지 않았다. 개성상인들은 자신들에 대한 자부심이 강하였다. 그들간의 결속력도 뛰어났다. 개성상인들이 창출해온 가치는 오늘날에도 분명히 효과가 있다는 사실이다.

chapter 19

한국 기업들의 탁월한 가치

탁월한 마케팅의 원리

chapter 19

한국 기업들의 탁월한 가치

양지실업의 탁월한 가치

단일 아이템으로 30년간 흑자경영

정석주는 1939년생으로 함남 안변군에서 출생하였고 월남하여 경기고교, 연세대학교 상경대학을 졸업하였다. 그는 여러 회사에서 경험을 한 후, 1977년 양지실업을 창업하여 경영하였다. 정석주는 자신의 경험을 저서를 통하여 알려주었다.

정석주는 봉제완구 단일 아이템으로 30년간 흑자경영을 유지하면서 해외 15개국에 수출해 왔다. 그의 경로는 역경의 노정이었다. 그는 1977년 양지실업주식회사를 자본금 3천만 원으로 설립하였다. 공장은 건평140평, 미싱20대, 재단기, 충전기, 최종 완성을 위한 설비, 근로자 식당과 부대시설로 근로자 90명으로 출발했다. 설비를 포함하여 생산 여건을 완료하는데 15일, 근로자들을 충원하는데 15일 도합 30일의 빠른 시일에 가동을 시작할 수 있었는데 사전에 치밀한 준비와 계획이 있었기에 가능했다.

모든 면에서 효율성을 강조

정석주는 창업 당시부터 조직을 철저히 시스템화하였고 모든 면에서 효율성을 강조하여 손실이 없도록 하였다. 그는 대학을 졸업하고 몇 년간 중견기업에서 실무를 익히고 많은 경험을 얻었다. 그 이후 제조업으로 작은 사업체를 시작했는데 몇몇 거래처에서 받은 수표들이 부도가 나는 바람에 사업을 정리하게 되었다. 그는 수출용 원단을 생산하는 중견 섬유회사에 입사하여 경험을 다시 쌓았다. 그 때가 30대 초반이었다. 30대 후반이 되자 그는 독립을 결심하여 양지실업을 창업하였다.

정석주는 섬유회사에서 직장생활을 하였고 창업하기 전에 봉제완구 제조회사에서 2년 여 중역으로서 경영을 익혔었다. 봉제완구는 노동집약적 사업이었고 설비를 위한 자금이 많이 필요하지 않았다. 그는 완구에 집중했다. 창업초기에 공장 화재를 두 번이나 겪었는데 손해가 많았다. 공장이 비좁아 어려움이 많았으며 자금도 부족하여 애로가 많았다.

정석주는 창업 초기에는 주문자 상표부착 생산 즉 OEM 방식을 채택하여 자금을 조달하였으며 공장 가동이 되도록 하였다. 그 다음에는 직접 바이어에게 주문을 받아 수출한다는 생가을 하였고, 그 다음 단계는 100% 자체 수주로 생산하려는 계획을 세웠다. 그는 개발실 운영에 직접 참여하였고 30년간 개발부장을 겸직하여 개발을 중시하였다.

목적은 이윤추구가 아니라 경영 합리화

창업 3개월이 지났을 때 정석주는 큰 주문을 받게 되었다. 그는 양지실업보다 몇 년 앞서 창업하여 안정된 수출 체제를 확립한 회사에 협조를 구했다. 그 회사는 모든 원부자재 및 소요 자금을 전담하고, 생산은 양지실업과 그 회사가 반반 나누어 처리하고 이익금도 반분하기로 협의하여 무사히 적기 선적을 함으로써 신용을 얻게 되었다.

정석주는 직원을 형제같이 생각하는 가정적 회사를 생각하였다. 그는 제품을 소중하게 생각하였는데 우수한 디자인 및 양질의 제품을 추구하여 세계 최우수의 상품을 목표로 하였다. 그는 3M 즉 Man, Money, Material 중에서 사람이 가장 중요하다고 생각하였다. 정석주는 "기업의 목적은 이윤추구가 아니라 경영의 합리화"라고 생각하였다. 이는 구성원 모두에게 만족감을 주면서 모든 생산 요소가 효율적이고 합리적으로 운영되게 하는 것이었다.

운명은 전적으로 최고경영자에게 달려

정석주는 '냉철한 두뇌'와 '따뜻한 가슴'이 균형을 이루어야 한다고 생각했다. 그는 신용을 생명같이 소중하게 생각하면서 사업을 해왔다. 정직하게 사업하고 헌신적인 노력만이 중소기업인이 생존할 수 있는 비결이었다.

정석주는 회사의 운명은 전적으로 최고경영자에게 달려 있다는 사실을 알게 되었다. 그는 대학에서 경영학을 전공했다. 그는 '경영은 사람이다'라는 믿음을 갖고 있었다. 정석주는 직원들에게 권한과 책임을 과감하게 위임하되 부작용을 최소화할 수 있도록 사전 교육을 철저히 시행하였다. 직원들에게 강력한 동기부여와 능력의 극대화를 시키는 것은 매우 중요하였다.

정석주는 직원교육을 매우 중요하게 생각하였고 직장 내 훈련에 노력을 기울였다. 그의 하루 일과의 모두는 직원에 대한 교육이었다고 할 수 있을 정도였다. 그는 제안제도를 활성화해서 직원들의 좋은 의견을 많이 수용하도록 했다.

최우선 사항은 마케팅

정석주는 디자인과 개발을 실탄이라고 불렀다. 마케팅에서 잘 팔리는 아이템에 힘을 기울여야 하기 때문이다. 디자인에서 부가가치를 증대시키는 것이 과제였다. 정석주는 "공부하는 자세는 디자인의 질을 높이는 원천이 된다"라고 말했다. 그는 30년 동안 매일 출근하면 가장 먼저 개발실을 방문해 개발회의를 하는 것으로 하루를 시작했다.

그에게 최우선 사항은 마케팅이었다. 그의 회사는 고품질, 고수익의 세분 시장에 집중하여 왔다. 이는 높은 수익을 창출할 수 있기 때문이다. 그는 마케팅을 중시하였는데 세일즈맨의 능력이 매우 중요하다고 생각했다. 그에게 세일즈맨의 자격요건은 '첫째, 영어회화에 능숙해야 한다. 둘째, 제품에 대한 해박한 지식을 갖추어야 한다. 셋째, 세일즈맨은 강한 성취욕과 끈질긴 신념을 갖추어야 한다. 넷째, 상대방에게 호감을 줄 수 있어야 한다. 다섯째, 글로벌 서비스 감각을 익혀야 한다. 일곱째, 바이어와 인간적인 친밀감을 유지하도록 해야 한다'는 것이다.

30년간 한 건의 클레임도 없었다

'산타베어'는 양지실업을 성장시켜 준 상품으로 곰 인형의 이름이었다. 1985년 허드슨 백화점의 바이어가 갑자기 내한하여 엄청난 주문을 했다. 400만 달러의 산타베어를 주문하였는데 물량은 40만개였다. 산타베어는 그 후 22년간 장수하는 아이템이 되었다. 30년간 양지실업은 단 한 건의 클레임도 받은 적이 없었다.

정석주는 기업이 성장할 수 있는 규모의 한계를 명확히 설정해야 한다고 생각했다. 그는 적정규모에 대한 올바른 인식과 실천 여부에 흥망성쇠가 달려 있다는 것을 알고 있었다. 또한 그에게 품질은 곧 세일즈였다. 품질은 판매와 불가분의 관계에 있으며 품질을 원가를 낮추는 것과 바꾸어서는 안 된다는 것이다.

양지실업은 막솜을 쓰지 않고 20배 이상 비싼 최고 품질의 폴리솜을 재료로 사용했다. 이 회사는 제품 전량을 수출했기 때문에 엄격한 미국의 완구 안전규정을 기준으로 삼았다. 금속 탐지기를 사용하여 완구에 금속 조각이나 봉제용 바늘이 들어갔는지를 철저히 검사했다.

>>> 마인드가 제품에 큰 영향

정석주는 근로자들의 마인드가 제품의 질에 큰 영향을 미친다고 보았다. 완구의 종류는 다양한데 이 회사에 진열된 종류만 해도 300가지 이상이었다. 그는 섬유에 대해 해박한 지식이 있어야 남보다 경쟁력을 확보할 수 있다는 사실을 터득했다.

정석주는 무차입 경영을 원칙으로 하였는데 창업하기 이전에 근무했던 섬유회사의 경험이 큰 영향을 미쳤다. 양지실업은 총인원 400명의 중소기업이었다. 급여, 근로환경, 인간관계 등에 노력한 결과 30년 동안 한 번의 분규도 없었다. 정석주는 "중소기업은 최고경영자의 헌신과 열정을 바탕으로 성장한다"라고 말했다.

그에게 중소기업의 경영 노하우는 헌신과 실무, 이 두 가지 단어가 키워드였다. 그는 매우 의미심장한 말을 했는데 "중소기업은 많이 벌기보다는 안정적으로 롱런할 수 있는 시스템으로 가야 한다"고 말했던 것이다. 그가 돈을 많이 벌기 위해서가 아니라 탁월한 가치를 창출하는 데에 주력했다는 점에 유의해야 한다.

육일약국 모르면 간첩이다

김성오는 1958년생으로 서울대 약대를 나와 10여 년 동안 마산에서 약국을 경영했다. 영남산업 대표이사를 거쳐, 2000년 창립된 메가스터디의 부사장을 역임하였으며, 2003년 엠베스트교육으로 독립, 2006년 메가스터디와 합병 후, 현재 메가스터디 중등부 엠베스트 대표를 맡고 있다. 그는 자신의 약국과 회사 경영의 경험을 저서를 통해 밝혀주었다.

김성오는 마산에서 약국을 경영하였는데 그는 택시를 타면, "기사님, 육일약국 좀 가주이소"라고 말하기 시작했다. 이러한 그의 육일약국 알리기 활동은 1년6개월 쯤 지나 기사들의 50%가 '육일약국'을 알게 되었고 3년 정도 지나자 "마산, 창원에서 육일약국 모르면 간첩이나"라고 할 정도가 되었다. 그는 약국에 동전을 마련해놓고 수수료 없이 동전을 교환해주기로 하였다. 약국 앞에는 택시들이 늘어섰다. 기사들을 위해 상황에 따라 시원한 드링크와 따뜻한 쌍화차를 대접하며 그들과 정을 쌓아갔다.

끊임없이 생각하고 탐구하는 자세

김성오는 드링크제 하나를 사도 육일약국에서는 귀빈대접을 받는다는 인상을 심어주었고 정직과 친절이라는 서비스로 많은 손님을 확보하였다. 80명의 동기들 중 지방에서 개업한 사람은 그뿐이었다고 한다. 그는 손님들의 이름을 외우기로 결심했고 이를 실행했다. 전화가 귀하던 그 때에 그는 손님들이 전화를 무료로 사용하도록 하였다.

김성오는 끊임없이 생각하고 탐구하는 자세로 남다른 경쟁력을 갖추려고 노력했다. 약국이 멀리서도 잘 보일 수 있도록 25개의 형광등을 주문하여 설치했다. 전기료가 월20만원이 더 나왔으나 월 매출이 증가했다. 이는 홍보효과가 있었다.

그는 월마트에 관한 기사를 보고 외곽에 있는 대형약국도 성공할 수 있겠다는 생각이 들었다. 그래서 가구 수와 유동인구 들을 조사하였고 지나다니는 사람 수들 30분 단위로 체크해 기록하였는데, 마산역 주차장 근처에 약국을 열었다. 대성공이었다. 육일약국을 운영한지 꼭11년만이었다. 이후, '마산역 육일약국'은 13명의 약사를 둔 기업형 약국이 되었다.

물건을 팔기보다 신뢰를 쌓는 것이 중요

육일약국을 경영할 때, 김성오는 고객을 존중할수록 매출이 늘어난다는 사실을 경험하였다. 물건을 팔기보다 신뢰를 쌓는 것이 중요하다는 것이다. 그는 월 십 만원씩 장학금을 주기로 결심했다. 교방초등학교 학생들에게 주는 장학금이었다. 그는 남을 위하고 배려하게 되면 오히려 여유가 생긴다는 것을 경험하였다. 그는 "제1회 교방동민이 주는 상"을 받는 큰 기쁨을 얻었다.

김성오는 손님이 가게를 나가면 "첫째, 이 손님이 오늘 나를 통해 만족했을까? 둘째, 다음에 다시 올 것인가? 셋째, 다음에 다른 손님을 데리고 올 것인가?"하는 세 가지를 생각했다고 한다. 그가 생각한 감동을 주는 요소는 '주는 것'이었다. 감동을 주는 요소가 많을수록 기업은 성장한다는 것을 그는 알게 되었다.

장사란 이익보다 사람을 남기기 위한 것

현재 메가스터디 중등부 엠베스트 대표를 맡고 있는 김성오는 직원의 결혼식 등 가족이 참여하는 길·흉사는 빠지지 않고 참석하려 노력하였다. 항상 만 원짜리 신권을 준비해 부었다가 직원의 아이들을 보면 손에 쥐어주었다. 어버이날에, 그는 부모님께 감사한 마음을 전하라는 의미로 봉투를 나누어주었다. IT업계의 이직률은 매우 높은 편이지만, 그의 회사에서 창업 4년 동안 동종업계로 이직한 사람이 거의 없을 정도였다.

김성오는 "장사란 이익을 남기기보다 사람을 남기기 위한 것이다. 사람이야말로 장사로 얻을 수 있는 최대의 이윤이며 신용은 장사로 얻을 수 있는 최대의 자산이다"라는 조선 후기의 거상 임상옥의 말을 기억하였다. 직원들을 소중히 여기고 그들이 최대한 능력을 발휘하도록 하는 것이 최고경영자의 필수덕목이라는 것이다.

섬김의 비즈니스를 실천하는 것이 경쟁력

김성오는 "경쟁력의 가장 중요한 요소는 바로 실력이다"라고 말한다. 약국을 경영할 당시, '친절, 정성, 마음'을 담아 소소한 경쟁력을 쌓다보니 어느덧 많은 경쟁요소를 지닐 수 있었다. 그에게 있어 경쟁력은 하나로 귀결되는데 돈이 아닌 '사람'에게 충실한 것이다. 약국과 교육사업의 원리는 같다는 것이다.

김성오는 '섬김의 비즈니스'를 실천하는 것이 경쟁력임을 알게 되었다. 그는 날짜와 시간, 약속을 칼같이 지키는 것을 매우 중시하였다. 엠베스트를 창업한 후, 한 강좌에 3만원의 단과 수강료를 받던 때에도 5만 원을 들여 지방까지 애프터서비스를 다녔다. 그는 "고객에게 충성하는 마음보다 좋은 투자를 알지 못한다"라고 말했다. 감동을 받은 손님들이 직접 소문을 내주기 때문이라는 것이다.

나누고 베푸는 것도 매우 중요

김성오는 약속한 것은 반드시 지키는 것을 원칙으로 하였다. 그는 상황이 어려울수록 선생님들과 직원들을 가장 중요하게 생각했다. 엠베스트는 4년 만에 27만 명의 회원을 돌파했다. 김성오는 학업과 더불어 '사람됨'을 강조하여 왔다.

그의 회사는 어려운 학생들이 무료로 강의를 들을 수 있는 마련을 하고 있으며 사랑의 실천 운동을 벌여 왔다. 150여 명 직원들의 개인 가정사를 꼼꼼히 챙기는 것이 김성오가 중시하는 임무였다. 그는 순리를 따르는 도덕성, 창의적인 삶과 발상의 전환은 매우 중요한 요소라고 생각했다. 또한 '나누고 베푸는 것'도 매우 중요하다고 생각했다. 경영의 초기부터 탁월한 가치를 추구해 온 김성오에게 성공의 길이 열린 것은 자연스러운 결과였다.

chapter 20

탁월한 마케팅은 인내심을 요구한다

탁월한 마케팅의 원리

chapter 20

탁월한 마케팅은 인내심을 요구한다

상당한 기간의 연습이 절대적

플로리다주립대학의 앤더스 에릭슨은 "탁월한 피아니스트들은 최소한 1만 시간 연습하며 그보다 못한 피아니스트의 5배의 수입을 얻는다"고 말했다. 탁월한 피아니스트가 되기 위해서는 무엇보다도 꾸준하고 상당한 기간의 연습이 절대적이라는 것이다. 아무리 뛰어난 재능이 있어도 단기간에 탁월한 예술인이 되는 것은 어려운 것이다.

탁월한 기업은 강력한 원칙이 있기에 뛰어난 실적을 발휘하여 왔다는 사실이다. 기업에게 매출이나 이익보다 더 중요한 것은 핵심 가치관과 신념이다. 그것이 그 기업을 생존시키는 원동력이기 때문이다. 미국 뉴저지에 위치한 머크사는 조지 머크가 1950년대에 설립하였는데, 세계적인 기업으로 발전했다.

머크는 "약은 사람을 구하는 것을 목표로 해야 하며, 결코 이익을 추구하는 데 목적을 두어서는 안 된다"라고 명확하게 밝혔다. 머크사는 세계적으로 뛰어난 실적을 자랑하고 있다. 지금 머크사가 일본에서 가장 큰 제약회사가 된 이유는 우연이 아니라는 것이다. 머크사가 진입하기 까다로운 일본 시장에 스트렙토마이신을 제공할 때 돈을 벌지 못했지만 원칙에 충실하였기에 성장할 수 있었다.

방심하면 몰락할 수 있다

기업의 생존에 중요한 요인으로 위기감을 느끼는 것은 중요하다. 빌 게이츠는 "마이크로소프트사가 도산하기까지 18개월 남았다"라고 말했다. 그는 자신이 설립한 회사가 조금만 방심하면 몰락할 수 있다는 사실을 항상 유념하고 있었다.

1991년 개인 재산이 10억불을 넘었을 때도 그는 번듯한 양복 한 벌 없었다. 빌 게이츠는 옷차림, 태도, 검소함에서 모범을 보였다. 그는 최고의 부자이면서 비행기 일등석 대신 일반석을 이용했다. 그의 부인은 메린다 한 명뿐이며 자녀는 3명이다. 스캔들이 없었고 자신의 재산을 자선사업에 쓰고 있다.

게이츠에게 중요한 것은 돈이 아니라 그 분야에서 최고가 되는 것이었다. 그에게 풍부한 자금은 시장에서 인내하는 중요한 수단에 불과하였다. 그는 수많은 장애와 도전에 직면하였으며 시장에서 장기적인 생존을 위해서 많은 인내가 필요함을 인식하고 있었다.

가능성을 높여가면서 인내하라는 것

덴마크의 철학자 키에르케고르는 "삶이란 뒤돌아보았을 때 이해할 수 있다. 그러나 우리는 계속 앞으로 나아가야 한다"라고 말했다. 현실에서는 무엇이 성공하고 무엇이 실패할 것인가를 제대로 알 수 없다. 그러기에 시장에서 성공하려면 인내가 매우 중요한 것이다. 이는 실패가 분명한 것에 미련을 가지고 인내하라는 것이 아니다. 성공할 가능성을 높여가면서 인내하라는 것이다.

탁월한 마케팅은 쉽게 이루어지지 않는다. 탁월한 마케팅을 성과로 이끌어내기 위해서는 시간과 노력이 한없이 필요하기도 하다. 스콧 버쿤은 마이크로소프트사의 인터넷 브라우저 개발팀에서 근무하였는데 탁월한 마케팅에서 인내심이 많이 필요하다는 여러 사례를 제공하였다.

최초의 마이크로프로세서인 인텔의 4004를 발명했던 테드 호프는 "해야 할 일을 꾸준히 하면서, 무언가 좋아 보이는 일이 생기면 계속 끝까지 해보는 것이다"라고 말했다. "계속 끝까지 해보는 것" 그것이 중요하다.

획기적인 아이디어를 생각

1990년대 후반 스탠포드대학교 컴퓨터과학과 학생이었던 래리 페이지와 세르게이 브린은 획기적인 아이디어를 생각하게 되었고 그 결과 구글이 탄생했다. 구글의 창업자 세르게이 브린과 래리 페이지는 1995년에 등장한 검색엔진 알타비스타의 문제점을 알게 되었고 결국 구글을 개발하였다.

그들의 핵심 기술은 페이지링크의 아이디어였다. 브린과 페이지는 특허를 신청했고, 1998년 알타비스타에 이 특허를 100만 달러에 팔겠다고 제안했다. 알타비스타는 제안을 거절했다. 다른 검색엔진 회사들도 구글을 팔겠다는 제안을 모두 거절했다. 브린과 페이지가 개발한 검색 기능은 결국 효과를 입증했다. 구글은 사실상 검색계의 독점기업이 되었다.

구글은 새로운 이메일 서비스 지메일을 발표했다. 지메일의 광고 서비스는 미숙한 점이 너무 많았다. 구글은 획기적인 검색 알고리즘으로 검색 속도를 아주 빠르게 하였다. 구글은 1999년 수백만 달러가 드는 광고 계획을 포기하고 대신 구전 마케팅을 활용하였다.

가치를 보상받기 위해서 인내가 필요

2000년에 웹 검색분야에서 시장점유율 1%도 차지하지 못했던 구글이 이제는 50%가 넘는 점유율을 차지하게 되었다. 구글은 유료광고를 구별해서 분명히 광고라고 표시했다. 지메일 전략은 무료 이메일로 사람들을 구글 사이트로 불러들이는 것 이상이었다.

현재 구글은 유료 검색의 선두 주자이다. 위대한 창업자들은 모두 성공보다 실패의 기록들을 더 많이 가지고 있다는 사실이다. 2004년 8월 구글은 주식을 상장하였는데 2007년초 구글 주식은 1500억 달러의 가치가 있었다. 구글의 창업자들이 그들의 가치를 온전히 보상받기 위해서는 많은 인내가 필요하였다.

살아남는 것은 가치를 창출하고 인내해야

70년대 말 PC가 개발되기 시작하였는데 1977년에 애플2 컴퓨터는 개인용 컴퓨터였다. 제록스의 기술연구소인 PARC에서 이미 1973년에 초기 개인용 컴퓨터인 알토를 개발했다. 최초의 대중적인 웹 브라우저는 1993년 윈도우 운영체계를 위한 모자이크였다.

그로부터 2년 내에 브라우저 시장에는 12개의 경쟁자들이 등장했다. 1997년에는 그 수가 40개에 달했다. 1997년 넷스케이프와 인터넷 익스플로러 두 개의 브라우저만이 시장에서 살아남았다. 살아남는 것은 가치를 창출할 뿐만 아니라 끝까지 인내할 만한 능력이 있어야 하였다.

3M은 1902년 Minnesota Mining & Manufacturing이라는 이름으로 사업을 시작하였다. 5명의 사업가들이 각각 5천불씩 투자하여 연마지를 생산하는 이 회사를 창업하였다. 미네소타의 세인트 폴에 본사를 둔 3M은 짐 콜린스, 제리 포라스가 자신들의 저서에서 "지속적인 성공 가능성과 적응성을 갖춘 단 하나의 기업을 선택하라면 3M을 선택할 것이다"라고 말한 회사이다.

처음 이윤을 창출하기까지 15년이

1914년에 이르러서 3M은 '쓰리엠아이트'라고 불리는 인조연마재를 생산하게 되었고 그 제품으로 사업에서 이익을 내기 시작하였다. 설립한지 14년이 되는 1916년에야 최초의 배당을 할 수 있었다. 이 회사가 처음으로 이윤을 창출하기까지는 15년이 걸렸는데, 그 이윤의 대부분은 회사의 제품인 사포의 품질 때문이었다.

3M의 창업자들이 15년의 세월을 견디지 못하였다면 이 탁월한 회사는 역사에서 사라져 버렸을 것이다. 연구에 의하면, 혁신의 성공 확률은 1%가 되지 않는다고 한다. 그만큼 혁신은 어려운 것이며 인내가 없으면 결코 성공의 종착역에 도달할 수 없다는 것이다. 3M은 5만 개 이상의 제품들을 생산하고 있고 전 세계에 60개의 자회사, 총 직원은 약7만 명, 연간 총매출액은 수백 억 달러이다.

3M은 매년 매출액의 6.7%인 수십 억 달러를 연구개발비로 지출하여 왔다. 3M은 기술지식을 강조하며 직원들의 교육과 계발을 지속적으로 추구하여 왔다. 성공적인 사업추진을 위해서는 인내심과 긴급함이 함께 조화를 이루어야 한다는 사실이다.

20년 동안 인내하였기에 그 열매를

새로운 혁신은 많은 연구와 실험이 소요되기도 하였다. 레이저를 발명했던 고든 고울드는 "섬광처럼 다가온 영감을 얻기 위해서 나는 지나온 20년간 그 발명에 필요한 재료들을 쌓아 올리듯 물리학과 광학에 몰두했어야 했다"라고 말했다. 고울드는 20년 동안 인내하였기에 그 열매를 얻을 수 있었다.

세계적 물리학자인 프리만 다이슨은 "한가하게 지내보는 것이 매우 중요하다. 언제나 분주하게 움직이는 사람들이 창의적인 경우는 매우 드물다"라고 말했다. 서로 연관 없는 개념들에서 뭔가 연결을 만들어내는 능력을 '연상능력'이라고 부른다. 딘 시먼톤은 그의 저서에서 "연상능력이 뛰어난 사람들은 경험 등에서 뭔가 새로운 생각들과 개념들을 잘 연결할 수 있다"라고 썼다. 이들이 어떤 결과물을 창출할 때까지 인내하는 것은 필수적인 과정이었다.

혁신은 처음에 호응 못 받고 냉대를

1876년 전화기를 발명한 벨은 그 특허권을 웨스턴 유니언사에 팔려고 하였다. 웨스턴 유니언의 최고경영자 윌리엄 오튼은 벨의 제안을 서설하였다. 오튼은 "전화기는 쓸모없는 장난감에 불과하다"고 비웃었다. 웨스턴 유니언사는 이러한 거절로 인해 그 후에 엄청난 대가를 치르게 되었다. 혁신은 처음에는 호응을 받지 못하고 냉대를 받다가 결국 가치 있는 것이 증명될 때 보상을 받았다. 모든 혁신은 인내와 상처들로 얼룩져 있다는 사실이다.

발명가가 기업체를 설득하여 자신의 아이디어에 투자하도록 하는 것은 현실적으로 매우 어렵다. 미국 특허를 220개, 해외 특허를 100개 이상 보유한 야곱 라비노우는 "내가 개발한 가장 성공적인 발명품 중에는 미국에서 판매될 수 없었던 것도 있다"고 말한 적이 있다. 미국 기업들은 그의 아이디어를 거절하면서 그의 발명품이 너무 '색다르다'라는 말로 거절하였다.

일반적으로 대기업들은 뒷짐 지고 앉아서 작은 회사들이 먼저 시도해 보기를 관망하는 경향이 있다. 혁신적인 아이디어를 거부하는 것은 오래되고 시대를 가리지 않는 관행이라는 것이다. MRI의 발명으로 노벨상을 탔던 폴 로터버는 "사이언스지나 네이처지에서 거절당한 논문들을 가지고 지난 50년간 과학의 전체 역사를 쓸 수 있을 것이다"라고 말했다.

인내와 시간은 성공에 필수적

사람들은 다른 사람들이 이미 검증한 생각만을 선호하며 새로운 것을 두려워하는 경향이 있다. DEC의 창시자 켄 올센은 1977년 "사람들이 집에서 컴퓨터를 필요로 할 아무런 이유가 없다"고 말했다. 뛰어난 컴퓨터 사업가였던 올센도 PC의 가능성을 무시하였던 것이다.

17세기 영국의 전성기 때 영국 해군에서는 괴혈병의 처방을 받아들이는데 무려 150년이나 걸렸다. 창업 전문가였던 보 피바디는 "나는 6개의 회사를 만드는 과정에서 1,000여 개가 넘는 다른 사업가나 투자가의 사무실에서 쫓겨났다"라고 말했다. 인내와 시간은 성공에 필요하였다는 사실이다.

유명한 발명가였던 하워드 에이킨은 "만약 그것이 독창적인 것이라면 다른 사람들에게 여러 번 반복해서 핵심을 이해시키는 게 더 필요하다"라고 말했다. 혁신에 대한 사람들의 비판은 대부분 피상

적이라는 것이다. 그러므로 비판에 좌절하여 인내하지 못하면 혁신은 결코 꽃을 피울 수 없는 것이다.

강한 심성과 인내력을 갖춘 창조적 인간

에버렛 로저스 교수는 그의 저서에서 "대부분의 이노베이션은 느린 속도로 전파된다"라고 말하였다. 발명가인 험프리 데이비와 조셉 스완은 에디슨보다 훨씬 이전에 전기 빛을 개발해냈다. 그럼에도 그들은 전기에 대한 공적에서 큰 이득을 얻지 못하였고 에디슨이 그 이득을 얻었다. 요컨대 시장에서 가치를 인정받으려면 상당 기간 인내하면서 생존해야 한다.

어떤 아이디어가 꽃을 피려면 여러 사람의 아이디어가 결합되어 최종 아이디어가 완성된 모습으로 등장하는 것이다. 그 과정은 시간이 걸리고 인내심을 요구한다. 하워드 가드너는 "창조적인 사람은 모순과 관습으로부터 탈피하고, 상투성 등에 의해 영향 받지 않는다"라고 말했다. 이는 강한 심성과 인내력을 갖춘 창조적 인간을 의미하는 것이다.

성공과 실패 차이는 재능보다 집요함

노벨상을 두 번 받은 라이너스 폴링은 "좋은 아이디어를 얻는 가장 좋은 방법은 많은 생각들을 하는 것이다"라고 말했다. 그러한 과정을 거쳐 발견된 혁신이라도 시장에서 종종 받아들여지지 않는다는 사실이다. 대중에게 발견은 매우 혼란스러운 일이며, 탐험은 위험하게 느껴지기 때문이다.

19세기 위대한 물리학자로 인정받았던 로드 칼빈은 영국왕립학회 의장이었다. 칼빈은 1895년 "공기보다 무거운 기계는 결코 하늘을 날 수 없다"고 말하였다. 지금 생각하면 아주 간단한 아이디어였음에도 칼빈은 그 아이디어를 수긍하지 못하였던 것이다. 물리학자 칼빈의 위세에 눌려 좌절하였다면 비행기는 세상에 출현하기 어려웠을 것이다. 1903년 라이트 형제는 동력 비행기를 만들었다. 1909년 미국에서 비행기가 팔릴 때까지는 6년이라는 기간이 걸렸다. 상업적인 비행 산업은 그 후 30년이 흘러야 했다.

아이디어를 생각하기보다 실행으로 옮기는 것은 더 어려운 일이다. 에디슨, 라이트, 워즈니악 등은 독창적인 아이디어를 가졌기 때문이 아니라 경쟁자들보다 앞서서 실행에 옮겼기 때문이었다. 성공과 실패의 차이는 재능보다는 집요함에 있는 경우가 많았다. 애플사의 스티브 잡스는 "성공하지 못한 기업들에서 성공적인 기업으로 나아갈 수 있는 것은 순수한 인내심이라고 확신한다"라고 말했다.

혁신 추구는 마케팅으로 가는 요점

PC의 창시자는 더글라스 엥겔바트와 알랜 카이이다. 혁신에는 복잡하고 많은 의미들이 내포되어 있다. 최고의 아이디어가 반드시 이기는 것은 아니라는 사실이다. 조사에 의하면, 4,000개 이상의 신제품 특허 중에서 오직 20개 정도만이 수지타산이 맞는 제품이 된다고 한다.

혁신을 추구한다는 것은 마케팅 지향으로 가는 요점이다. 특히 신제품, 고객 서비스에서 혁신추구가 중요하다. 뛰어난 기업들은 운영이 효율적이고 유연성이 높으며 직원들의 정신이 긴진하고 헌신적이라는 특징이 있다. 기업은 시장이 포화되어서가 아니라 경영을 실패했기에 성장이 멈춘다는 사실이다. 그 실패의 원인은 주로 경영진에게 있다.

듀퐁사와 코닝사가 성공을 거둔 비결은 제품이나 연구지향이라기 보다 철저하게 지켜온 고객지향 때문이었다. 이 회사들의 경영자들은 이러한 방향을 꾸준하게 실행하였다. 이들 회사들은 순수한 인내심을 가지고 가치를 꾸준히 창출해 왔다는 것이다.

인내하지 않고 안달한 결과

온라인 슈퍼마켓 업체인 웹밴은 주가가 무려 99%나 급락해 위기 상황에 직면해 있었다. 이 회사는 사업 모델이 제대로 운영되는지 확인하지도 않고 고가의 복잡한 자동배송시스템을 26개 도시에 무리하게 확장하려 했다. 그러한 시스템이 제대로 운영되지 않자 막대한 손실이 발생하기 시작하였다. 이 회사의 경영자는 성급하게 최대한 성과를 올리기 위해 안달하였다. 결국 이러한 실수가 주가 폭락의 결정적인 원인이었다.

의류업체 런던포그는 미국 최고의 레인코트 제조업체로 92%의 브랜드 인지도를 가지고 있었다. 런던포그는 명성에 자부심을 느끼며 이에 걸맞은 성장을 하고자 하였다. 이 회사는 지나치게 급성장에 집착하였는데 결국 과욕이 파멸로 인도하였다. 이 회사는 아웃웨어와 스포츠시장에 진출했고, 월마트와 홈디포에 대형 소매점을 여는 등 문어발식으로 여러 부문에 진출하였다. 또한 공항 쇼핑몰과 역사 쇼핑몰에도 진출하고자 했다. 고속성장에는 함정이 있다. 사업이 번창하면 더 많은 자금이 필요하다. 관리된 성장을 하지 않으면 결국 통제 불능이 되는 것이다. 런던포그는 급한 성장에 집착한 결과 90년대 말에 도산하였다. 요컨대 인내하면서 성장을 통제하는 것이 중요하다는 것이다.

미국의 초고속 서비스 부문의 최고 공급업체로 인정받았던 액사이트앳홈(excite@home)은 한 번에 너무 많은 것을 지나치게 빠르게 시도하였다. 그 결과 73억 달러의 손실을 보면서 주가가 100불에서 20센트로 곤두박질쳤다. 블룸버그사의 창업자 마이클 블룸버그는 "성장에 유혹 당하지 말아야 한다. 성장률을 계속해서 증진시키겠다는 유혹에 빠지면 자아도취에 빠지기 쉽고 경영이 힘들어진다. 되도록 느리게 성장하는 것이 중요하다"라고 말했다.

급성장하면 창의력이 그만큼 떨어진다

런던의 광고회사인 세인트룩 커뮤니케이션주식회사는 9천만 달러에 달하는 광고주문을 거절하였다. 엄청난 금액의 계약을 거절하는 데에는 큰 용기가 필요하였다. 이 회사의 경영진은 그 주문을 소화하기에 이미 능력의 한계에 도달했다는 판단을 했다. 매우 겸손한 판단이었다. 그런데 결과는 경영자의 판단이 옳다는 것이 판명되었다. 이 회사는 그 이후에 건실한 성장이 보장되었던 것이다. 이 회사의 회장 앤디 로는 급성장하면 창의력이 그만큼 떨어진다고 생각했고 그의 느린 성장 전략은 성공하였다.

시장에서 성장산업이라는 것은 아예 존재하지도 않는다는 사실이다. 모든 산업은 성장, 성숙, 쇠퇴라는 통상의 사이클이 있기 때문이다. 기업 활동은 '어떤 제품을 생산해 가는 과정이 아니라 고객을 만족시켜 가는 과정'이라고 볼 수 있다. 어려운 시기에도 인내하면서 가치를 창출하는 과정을 지속하는 기업만이 생존을 보장하는 것이다. 최선을 다한 노력, 몰입, 높은 정신이 없이는 가치 있는 어느 것도 성취하기 어렵다. 기업은 끊임없이 가치를 향상시키되 장기간의 인내를 포기해서는 안 된다.

chapter 21

멍청한 부정적 가치들

탁월한 마케팅의 원리

chapter 21

멍청한 부정적 가치들

롱텀 캐피털의 부정적 가치

비효율성, 규제 허점이나 상대방을 이용

LTCMLong-Term Capital Management은 롱텀 캐피털이라고도 부르며 1994년에 헤지펀드로 설립되었는데 4년 만에 약 1000억 달러의 손실을 입고 몰락했다. 롱텀 캐피털은 존 메리웨더가 세웠는데 이 회사는 1조 달러 이상의 파생상품을 보유하고 있다가 파산을 당했다. 프랭크 파트노이는 파생상품 영업을 했던 경험을 저서를 통해 알려주었다. 필자는 파트노이의 저서와 여러 자료들을 통하여 기업들의 부정적 가치에 대한 여러 사실들을 파악할 수 있었다.

부정적 가치란 가치에 반대되는 것으로 마케팅을 망치는 마이너스 가치를 말한다. 부정적 가치에는 여러 가지가 있다. 가치를 창출하는 것은 매우 어려운 것이지만 부정적 가치는 방심하면 쉽게 나타날 수 있다는 사실이다. '악화는 양화를 구축한다'는 격언처럼 악화 즉 부정적 가치는 양화 즉 긍정적 가치를 압도하는 힘을 가지고 있는 것이다. 우리는 부정적 가치를 창출하지 않기 위해 그 사례들을 통해 교훈을 얻어야 한다.

존 메리웨더는 시카고대학 비즈니스 스쿨을 졸업했다. 그는 1973년 살로먼 브라더스에 취직하였다. 메리웨더는 시장의 비효율성을 발견하고는 단순히 값이 싼 자산을 사고 비싼 자산을 판 다음 두 자산의 값이 같아질 때까지 기다렸다. 메리웨더와 그의 트레이더들은 시장의 비효율성, 규제의 허점이나 어수룩한 거래 상대방을 능숙하게 이용해 돈을 벌었다. 자산의 가격들은 랜덤워크 가설대로 움직이지만 항상 그런 것이 아니었다. 메리웨더는 옵션이 선물보다 더 복잡하다는 사실을 알았다.

투명성 결여와 태만 때문에

롱텀 캐피털은 연2%의 수수료를 받았는데 그에 더해 모든 수익에서 25%의 수수료를 더 받았다. 롱텀 캐피털은 투자안내서에서 "상대가치 거래, 수렴거래"니 하는 생소한 용어들을 가득 써놓았다. 자신들이 엄청난 지식과 비결을 갖고 있는 것처럼 보이게 하였던 것이다. 수렴거래는 상대적으로 일시 저평가된 자산을 매입하고 고평가된 자산을 판 뒤 양쪽의 가격이 수렴할 때까지 기다리는 투자방식이었다.

1973년 피셔 블랙, 마이런 숄즈, 로버트 머튼 세 사람의 경제학자는 하나의 공식을 발견하였다. 이는 블랙숄즈옵션가격결정 공식이었다. 이 공식의 복잡한 수렴 때문에 어느 누구도 LTCM이 위험 측면에서 무엇을 부담했는지 몰랐다. LTCM은 투명성 결여뿐만 아니라 누적된 직무 태만 때문에 타격을 맞았다.

구제되기 전에 자본이 바닥나

블랙숄즈옵션가격결정 공식은 인간 행동의 무작위성을 고려하지 않았다. LTCM펀드의 결성에 참여한 동업자들 중에는 로버트 머튼, 마이런 숄즈 등 1997년 노벨경제학상을 공동으로 수상한 이들이 있었다. LTCM의 가능성 있는 투자 시나리오의 성공확률은 결코 낮은 것이 아니었으며 충분히 성공하리라고 예상할 수 있었다.

LTCM은 1998년8월에만 자본의 44%인 19억 달러를 잃었다. LTCM이 따르는 이론은 '가격과 가격 간의 관계는 장기간에 걸쳐 평균값으로 회귀하려는 경향이 있다'는 이론에 근거하고 있었다. 그들의 포지션이 지나치게 확대되었으며 평균으로 반전하여 구제되기 전에 자본이 바닥나 버렸던 것이다.

심리학자 대니얼 카네만, 리처드 탈러, 아모스 트베르스키는 실험을 통해 "사람들은 자신의 능력을 과대평가하고, 소유 주식의 가치를 과대평가하고, 시야가 짧으며 탐욕스럽다"는 사실을 밝혔다.

인간은 탐욕 때문에 자신을 속이기도 하며 타인에게서 속기도 한다는 것이다. 이 실험은 경제학자들이 내놓은 "효율적 시장 이론"에 대한 공격이 되었다.

행태금융론이라는 새로운 학파가 생겼다. 이 학파의 금융이론은 "증시는 결코 효율적으로 움직이지 않으며, 효율적인 시장에 가깝지도 않다. 주가는 기업의 실질가치와는 무관하게 다양한 가격으로 움직일 수 있다"라고 주장했다. 행태금융론자들은 비합리적인 투기자들이 주식 가격을 얼마든지 움직일 수 있다는 증거들을 제시하였다.

차츰 투기에 나서기 시작

롱텀 캐피털은 거래 첫 달에는 손실을 보았으나 그 이후 4년 연속 환상적인 이익 행진을 했다. 롱텀 캐피털은 최초로 10억 달러를 조성한 펀드였는데 1994년3월에 본격적인 활동을 개시했다. 이 펀드는 1997년에 보수공제 후 17%의 수익을 올렸다. 이 펀드의 사업의 핵심은 수렴거래 즉 롱-숏 헷지거래였다.

이 펀드는 30배수의 레버리지를 사용하였는데 즉 투자금 1달러당 29달러를 차입했다. 일반적으로 투자은행은 재무성채권을 매입할 때 비용의 99%를 차입하였다. 100배의 레버리지인 셈이다. 1995년 롱텀 캐피털은 상상할 수 있는 모든 종류의 금융상품들을 다루기 시작했다. 롱텀 캐피털이 사용한 모델은 위험 평가를 틀리게 한 것으로 드러났다. 롱텀 캐피털은 차츰 투기에 나서기 시작했다.

러시아 조치로 펀드들이 엄청난 손실

당시 GKO라는 러시아 재무부채권은 금리가 40%를 상회하는 최악의 정크본드였다. 러시아의 총 세수 중 거의 절반이 국채의 이자 상환에 들어갔다. GKO의 지급 금리는 1998년8월 70%까지 상승했다. 8월17일에 세르게이 키리엔코 수상은 루블화 평가절화와 GKO의 채무불이행을 선언했다. 가장 큰 타격을 입은 곳은 헷지펀드였다. 그 중에 LTCM은 5억5천만 달러를 잃었다. 이 펀드는 정점에 있을 때의 자산에서 44억 달러 즉 약 90%를 잃었다. 펀드의 파트너들의 손실액만 약 18억 달러에 달했다.

러시아의 조치로 많은 펀드들이 엄청난 손실을 보았다. 조지 소로스의 펀드도 수십억 달러의 손실을 보았다고 한다. 1783년 다니엘 베르누이가 "전 재산을 거는 사람은 얻을 수 있는 이득이 아무리 클지라도 얼간이처럼 행동하는 것이다"라고 썼다. LTCM은 1996년 말에 자신의 레버리지 비율이 25.6이었다고 밝혔다. 이 펀드의 불행을 초래한 원인은 과잉베팅이었다. 과잉베팅은 과도한 부채를 통한 사업의 과잉확장과도 비슷하였다. 위험에 민감하지 않았던 이들의 투자행태는 결국 파산의 위험을 안고 있었다는 사실이다.

부정적 가치 산출은 마케팅 실패를 의미

LTCM의 레버리지는 높았고 LTCM이 사용했던 전략은 장기적으로는 실패할 수 있었다. LTCM은 30년짜리 채권을 거래하고 있었다. 롱텀 캐피털은 여러 신흥시장에서 손실을 입었고 부채는 1,000억 달러 수준이었지만 자기자본은 20억 달러 정도로 줄어들었다.

또한 장기 주식옵션에서 엄청난 손실이 발생하여 거래자산 가치는 10억 달러 밑으로 떨어졌다. 1998년이 되었을 때 롱텀 캐피털의 보유자산 가치의 90%가 연기처럼 사라져버렸다. 결국 롱텀캐피털매니지먼트는 1998년에 도산하였다.

롱텀 캐피털이 부정적 가치를 산출한 것은 부정적 마케팅을 한 것이다. 필자는 "기업의 모든 활동은 결국 마케팅으로 이어지고 마케팅에 관련된다"라고 말했다. 또한 "마케팅은 가치를 시장에 전달하는 활동이다"라고 말한 바 있다. 요컨대 마케팅이란 시장에 접근하는 모든 활동을 의미한다. 기업의 모든 활동은 마케팅으로 귀결되는 것이다. 롱텀 캐피털이 가치를 창출하지 못하고 오히려 부정적 가치를 산출했다는 것은 마케팅에서 실패했다는 의미였다.

엔론의 부정적 가치

실천이 뒷받침되지 않는 헛소리

엔론은 미국 재계 7위의 세계최대 에너지 기업이었으나 2001년 12월에 분식회계로 파산하였다. 엔론 금융의 회장 겸 최고경영자인 스킬링은 1990년 엔론에 입사하였다. 최고경영자 스킬링의 엄청난 자신감과 자부심은 성공의 한 요인이었으나 결국 그것은 변질되었고 자만심이 되어 실패하였다.

엔론의 최고경영자였던 케네스 레이는 "나는 고도로 도덕적이고 윤리적인 환경, 즉 만인이 천부적인 능력을 발휘할 수 있도록 허용하거나 권유하는 환경을 조성하는 것이야말로 인생에서 가장 보람된 일 가운데 하나라는 강한 신념을 지닌 인물이며 과거에도 그렇게 해 왔다"라고 선언한 적이 있었다. 케네스 레이가 말대로 실천하는 사람이었다면 엔론은 파산하지 않았을 것이다. 아무리 좋은 말이라도 실천이 뒷받침되지 않는 것은 공허한 헛소리에 불과한 것이다.

회계장부를 조작한 엔론

롱텀 캐피털에서 일한 경제학자 마이런 숄즈는 옵션가치 평가에 관한 연구로 노벨 경제학상을 수상하였는데 1997년12월 수상 연설에서 "금융회사들과의 경쟁에서 살아남을 수 있는 두 개의 기업으로는 GE와 엔론이다"라고 말했다. 유명한 컨설팅 회사인 맥킨지는 엔론을 격찬하며 "독수리 높이 난다"는 개념을 소개했다. 노벨상을 수상한 유명 학자나 세계적인 컨설팅 회사 전문가들의 관점도 어리석고 믿을 수 없다는 것이 얼마 후 증명되었다.

엔론 경영자들은 대량의 스톡옵션을 받았다. 1997년부터 엔론은 대부분의 베팅에서 실패해 수십억 달러의 손해를 보았다. 1999년8월까지 엔론은 원유와 천연가스 생산 분야에서 완전히 손을 뗐다. 대신 천연가스와 전력의 장기 파생상품에서 수십억 달러를 거래함으로써 돈을 벌었다.

엔론은 통합된 가스 사업에서 광대역 서비스까지 진출하였다. 엔론은 미국 최대의 송유관을 가지고 있었다. 2001년까지 이 회사의 가스 도매 사업은 수익성을 유지했다. 엔론은 전력 시장에 진입하였는데 발전소와 송전 설비에 투자하였다. 2001년까지 수익을 유지해온 엔론은 산업 시장으로 확장하였다.

다양한 다각화 사업은 결국 실패

엔론은 영국의 수도회사를 인수합병하였는데 이로 인해 수도관 프로젝트에서 1억 달러를 손해 보는 등 결국 사업을 포기하였다. 또한 소매 전력시장에 진출하였다. 가정 고객을 목표로 한 이 사업에서 결국 5억 달러의 대손상각을 기록했다. 엔론은 광대역 서비스 시장에 진출하기 위해 2만1천 마일에 이르는 광섬유 네트워크를 설치하였다. 그러나 시장에서 수요는 실현되지 않았고 결국 자산을 매각해야 하는 재앙을 맞았다.

엔론의 다양한 다각화 사업은 결국 실패로 돌아갔다. 엔론은 성공에 오만하여 과도한 확장에서 파국을 맞았다. 더욱이 이러한 실패를 은폐하려는 시도가 재앙을 몰고 왔던 것이다. 스탠더드 앤 푸어스와 같은 신용평가기관들은 태만했다. 2001년 S&P는 엔론을 감시 대상으로 했으나 엔론이 부진한 자산을 매각한다는 단서를 달고 결국 신용등급을 재차 확인해주었을 뿐이었다.

방만과 도덕적 해이가 판을 쳤다

엔론의 비즈니스에는 엄격함과 규율은 폐기되었고 방만과 도덕적 해이가 판을 쳤다는 사실이다. 요컨대 기업가 정신이 사라졌다는 것이다. 엔론은 에너지 회사라기보다 파생상품 거래를 하는 회사였다. 엔론은 수많은 합자회사들을 설립하여 사업을 진행시켰다. 엔론이 합자회사에 대한 투자지분을 50% 미만으로 유지하기만

하면 회계규정상 엔론은 그 합자회사의 자산과 부채를 자사 장부에 합산하지 않아도 되었다. 그 규정은 엔론의 회계부정 실태를 감출 수 있는 요인이 되었다.

1995년에 들어서자 파생상품에 대한 규제입법의 가능성은 더욱 낮아졌다. 의회는 파생상품 딜러들의 자율규제를 지지했다. 또한 스톡옵션을 비용으로 처리하지 않아도 무방하다고 규정한 회계기준이 있었다. 기업들은 '중요한 정보'에 대해서만 공시 의무를 가졌는데 '중요성'이라는 개념부터가 자의적으로 해석될 수 있었다.

회계처리에 문제가 많았다

1990년대 후반, 엔론 캐피털은 신생 기술기업들에 투자하기 시작했다. 회계기준위원회는 "리스의 잔여 위험 중 적어도 3% 이상을 기업의 외부자가 부담한다면 그 기업은 해당 리스를 회계장부에 반영하지 않아도 된다"고 밝혔다. 이는 모호한 규정이었고 많은 리스 거래가 장부에 올라가지 않게 되었다. 엔론의 회계처리가 상당히 문제가 많았음에도 아서 앤더슨 회계법인은 그것을 승인했다.

1999년 엔론은 기업 대출들로 이루어진 포트폴리오를 사서 그것을 대출채권 담보부증권(CLO)으로 재구성했다. 이는 대출채권 담보부증권(CBO)과 유사한 거래였다. 엔론이 작성한 2001년도 연차 보고서에는 3,000개의 관계회사 명단이 있었다. 엔론의 자산들은 부풀려져 있었다. 엔론은 거의 모든 신규 사업에서 수십억 달러의 손실을 보았다.

트레이더들이 이익을 조작

엔론의 트레이더들이 이익을 조작하는 데는 '신중유보'계정의 활용과 '선물곡선의 조작'이 주로 사용되었다. '신중유보'란 가공의 준비금 계정을 만들어 놓고 손익을 분식하는 데 쓰이는 부정자금이었다. '선물곡선의 조작'은 허위로 조작하여 허구의 이익을 보고하는 데 활용되었다. 엔론의 트레이더들은 각자가 낸 이익에 따라 보수를 받았기에 이러한 조작을 부추겼던 것이다.

2001년10월 이후 은행들이 엔론에 대한 대출 연장을 기피하면서 엔론의 거래 업무가 흔들리기 시작했다. 엔론의 주가는 2000년8월에 90달러를 기록했다. 엔론은 2000년에만 아서 앤더슨에 5,200만 달러의 수수료를 지급했다. 그 중 절반 이상이 자문료였다. 앤더슨은 기업고객들에게 자문 업무를 늘리면서 독립성을 점점 잃어왔다. 휴스턴 법원은 앤더슨에게 공무집행방해죄를 적용하는 판결을 내렸다.

신용평가 회사에게 많은 수수료를

신용평가 회사인 무디스와 S&P는 1909년부터 활동을 시작했고 피치는 1924년부터 시작했다. 이 3개 회사만을 미국의 금융당국은 신용등급을 매기는 회사로 인정했다. 신용등급을 평가받는 데 대한 수수료를 내야 하는데 신용평가 수수료는 한 건당 보통 3-10만 달러 수준이었다. 2002년 무디스의 기업가치는 대형투자은행인 베어스턴스보다 더 큰 수준이 되었다. 신용등급이 높을수록 규제를 덜 받았다. 어떤 채권의 신용등급이 '트리플B' 이하로 내려가면 가격이 급락하고 정크본드로 불리게 되었다.

2000년 초, 무디스는 엔론의 등급을 재조정했는데 신용등급을 낮추지 않고 오히려 한 단계 올려주었다. 엔론의 주가가 80달러에서 10달러 밑으로 떨어졌는데도 3개 신용평가회사는 모두 엔론의 부채에 대해 투자적격 등급을 유지했다. 엔론은 거의 20년 동안 신용평가 회사들에게 많은 수수료를 주었다.

위험을 숨기거나 공시 내용을 조작

2001년11월에 엔론은 수정한 회계보고서를 증권 당국에 제출했는데 4년간에 걸쳐 이익이 6억 달러 과다 계상되었다고 기록했다. 조사관들은 엔론이 80억 달러의 대출금을 영업상의 현금흐름으로 분식했다는 것, 250억 달러의 부채가 더 있다는 것을 발견하였다.

엔론은 신용 파생상품의 주요 참여자였고 여러 건의 CDO거래를 하기도 했다. 애널리스트들이 2001년에 엔론의 공개문서들을 파악하여 소화하는데 여러 달이 걸렸다. 문제는 비슷한 금융수단들이 서로 다르게 규제되면 당사자들은 약한 쪽의 규제를 이용해 위험을 숨기거나 재무적 공시 내용을 조작하게 된다는 것이다.

투자부적격으로 내림으로 치명타

회계장부를 조작한 이후 엔론의 주가는 2001년 10월말에 13.9달러로 떨어졌다. 신용평가 회사들은 2001년 11월 엔론 부채의 신용등급을 투자부적격으로 내림으로써 엔론에 치명타를 가했다. 주가는 계속 떨어져 3달러가 되었고 다시 1달러로 떨어졌으며 모든 거래가 중단되었다. 주가는 도산할 즈음에는 26센트로 폭락하였다. 엔론은 재정적자를 무마할 의도로 불법분식회계를 행하였고 역사상 최대규모로 파산하였다. 이러한 과정에 이사회 구성원들은 동의하였던 것이다.

파산의 다른 원인에는 부정회계를 막지 않은 것, 불공정 내부자 거래와 공모한 것, 부채 내역을 공개하지 않은 것 등이 있었다. 또한 회계법인 아서앤더슨의 독립성을 보장하지 않는 점, 이사회 회장인 케네스 레이가 공금을 유용한 것을 막지 않은 점 등도 파산의 원인이었다.

그해의 이사회로 선정된 쟁쟁한 집단

엔론 이사회는 2000년에 그해의 이사회 중 하나로 선정된 바 있는 쟁쟁한 집단이었다. 상품선물거래위원장을 지냈던 웬디 그램은 엔론의 이사가 되었는데 엔론의 이사들은 유명한 거물들이었다. 엔론은 2만 명 이상의 직원을 가진 미국 7대 기업의 하나였다. 이 회사의 경영진 스킬링과 레이는 오만과 부패로 결국 유죄선고의 종착역을 맞이하였다.

돈을 버는 데에만 온통 힘을 써온 이 회사의 경영진과 관련 직원들은 그들이 창출해야 할 가치가 무엇인지도 생각해보지 않았다. 탐욕과 자만으로 가득 찬 기업에서 산출할 것은 패망과 실망뿐이라는 사실이었다. 이는 부정적 가치였다. 엔론은 마케팅에서 처절하게 실패했다.

기타 부정적 가치

탐욕과 이기심, 과도한 이윤추구

경제주간지 '비즈니스 위크'가 1998년 기업의 재무담당 임원들을 대상으로 조사한 결과, 12%가 "재무 수치를 조작했다"고 시인했고, 55%는 "회계를 조작하라는 압력을 받았다"고 대답했다. 증권거래위원회의 감찰부서는 1천 명이 넘는 변호사들을 거느리고 있었지만, 모든 금융부정을 다 적발해 처벌할 만한 재원은 없었다.

경영 컨설팅업체인 타워스 페린의 15년간의 실적분석에 의하면, 윤리경영을 하는 기업은 수익률이 43%인데, 스탠다드 앤 푸어스에 등록된 500개 기업의 평균수익률은 이의 절반도 안 되는 19%에 불과했다. 윤리경영을 하는 기업이 훨씬 수익률이 좋다는 증거였다.

많은 기업들에는 탐욕과 이기심, 과도한 이윤추구가 만연해 있다는 사실이다. 주식시장에는 내부자 거래, 분식회계, 경영진의 엄청난 연봉, 불량상품의 생산 등이 문제로 되고 있다. 연구기관인 워커 인포메이션에 의하면, 회사가 윤리경영을 하면 회사를 이직하지 않을 확률이 그렇지 않은 경우보다 6배나 더 높다고 한다.

약간의 태만이 불행으로 귀결될 수

타이코는 3년여 동안 700건 이상의 인수거래를 성사시키면서 확장되었다. 2002년 초에 들어서면서 타이코가 정교한 사기수법으로 자산을 조작했다는 사실이 검증되었다. 타이코 주가는 80%나 떨어졌고 타이코는 800억 달러의 손실을 보았다. 타이코의 최고경영자는 회사가 곤두박질치고 있을 때에 수백만 달러를 개인 용도로 사용했다. 최고경영자는 데니스 코즐로브스키였다. "약간의 태만이 불행으로 귀결될 수 있다"라고 오래 전에 벤자민 프랭클린은 말했는데 이는 많은 기업들에게 적용될 수 있는 것이다.

'인텔 인사이드' 프로그램은 성공적이었다. 새 펜티엄 칩을 장착한 컴퓨터는 날개 돋친 듯 팔렸다. 린치버그대학의 수학과 교수 토마스 나이스리는 펜티엄PC로 대규모 소수 역수의 합을 계산하던 중, 정답과 크게 다르다는 사실을 발견했고 펜티엄이 문제라는 증거를 수집하였다. 1994년 그 수학교수는 인텔에 정중하게 전화를 걸어 인텔의 펜티엄칩에 문제가 있으며 이로 인해 컴퓨터가 말썽을 피우고 있다고 말했다. 인텔은 그의 말을 무시했다.

신속 대응하는 것은 중요한 가치

그 교수는 인터넷에 자신의 불만을 퍼뜨렸고 이로 인해 인텔을 성토하는 글이 인터넷 세상을 떠들썩하게 했다. 인텔은 듣기의 중요성에 대한 교훈을 얻었으나 치른 대가는 너무나 컸다. 인텔은 최고경영자 앤드류 그로브가 공개사과문을 게시하였다. 이 사건으로 인텔이 입은 손해는 대략50억 달러에 달했다.

인텔이 '결함 있는 칩'을 무조건 교환해 주겠다고 즉각 약속만 했더라도 회사는 수억 달러를 절약했을 것이다. 인텔은 언론에서 공론화되자 교체비용으로 4억7천여만 달러를 사용했다. 실패의 한 가지 원인은 기술적인 것에 있는 것이 아니었다. 그것은 시장의 요구에 신속히 대응하는 학습을 하지 않았기 때문이었다. 시장의 요구에 신속히 대응하는 것은 매우 중요한 가치였다. 이러한 가치를 창출하지 못하는 기업은 위험하다.

품질관리보다 더 중요한 가치를 창출해야

월리스사는 1990년 '말콤 볼드리지 국가 품질상'을 수상한 최초의 중소기업이었다. 월리스사는 상을 받은 지 24개월도 지나지 않아 파산하였다. 전 대표이사 존 월리스는 "나는 경제변화에 너무 둔감했다"라고 말했다. 품질은 최소한의 기본이다. TQM이 모든 것을 해결해 주는 것이 아니라는 점이다. 품질관리는 가치의 하나에 불과한 것이며 더 중요한 가치를 창출해야 하였다.

마이크로소프트에 근무한 적이 있는 한 사람은 "잘못된 결정이 내려지고 있다고 생각될 때에도 '노'라는 말을 절대 할 수 없는 곳이 마이크로소프트이다"라고 주장했다. 주피터 미디어 매트릭스 그룹의 회장 커트 아브라함슨은 "탁월한 CEO는 잘 듣는 법을 아는 사람이다"라고 말했다.

어느 날 빌 게이츠가 AOL의 스티브 케이스에게 말했다. "나는 당신 회사의 20%를 살 수도 있고 전부를 살수도 있소. 내가 당신네 비즈니스에 직접 뛰어들어 당신들을 매장시켜 버릴 수도 있지"라고 말했다. 이 말에 케이스가 반격했다. "우리는 회사를 팔아넘기기 위해 온 사람들이 아니오." 게이츠는 의사소통에서 특히 말하기에서 완전한 실패를 하였던 것이다. 그의 말은 험악한 분위기를 만들었고 상대방이 무장하도록 부추겼다.

하버드 컴퓨터연구소의 책임자는 "게이츠는 학생으로서 훌륭한 프로그래머이지만, 인간적으로는 역겨운 사람이다. 그는 쓸데없이 사람들을 좌절시킨다"라고 말했다. 잘못된 의사소통은 많은 오해와 손실을 불러일으킨다는 사실이다. 빌 게이츠는 여러 좋은 가치를 창출하였지만 이러한 부정적 가치를 가지고 있어 높은 위험 속에서 사업을 이끌어왔던 것이다.

월드컴의 부정한 처리

엔론의 파산에 이어 월드컴도 분식회계로 결국 2002년7월에 파산하였다. 월드컴의 버니 에버스는 110억 달러의 회계부정을 저질렀고 85년 형을 선고받았다. 이 회사는 최고경영자인 에버스에게 2.3%의 초저금리로 4억820만 불을 몰래 대출해주었다. 최고경영자 버니 에버스는 비용절감 차원에서 직원들에게 무료로 지급하던 커피를 없앴다. 수억 달러와 커피의 비용은 비교도 되지 않는 것이었지만 부정적 가치를 창출하는 사람에게 그 가치를 분별할 능력이 없었던 것이다.

월드컴의 회계부정은 2002년6월에 처음으로 드러나기 시작했다. 사고의 일차적인 조짐은 통신업체에서 공급 과잉이 진행되는 것이었다. 회계처리의 투명성은 매우 중요하였다. 월드컴이 2000년에 인터넷 포털 사이트 운영회사인 다이젝스를 60억 달러에 매입하였는데 실제 다이젝스의 가치는 5,000만 달러 미만이었다. 이러한 사실들이 발견되자 신용평가 회사들은 그제서야 신용등급을 내렸고 월드컴은 파산 신청을 했다. 며칠 뒤 월드컴은 또 다른 33억 달러의 회계상 실수를 발견했다고 밝혔다.

윤리 기준이 타락한 결과

통신업계의 거인이었던 글로벌 크로싱은 수익과 현금흐름을 부풀렸고 그 결과 도산했다. 이는 경영자들의 윤리 기준이 타락한 결과였다. 비윤리적인 행위는 전염성이 강하였다. 2000년에 글로벌 크로싱은 수입을 선불로 반영하였고, 그에 수반되는 비용은 분할 반영하여 이익을 부풀렸다. 이러한 사실들이 밝혀지자 파국이 닥쳐 2002년1월 글로벌 크로싱은 파산 신청을 했다. 그 회사의 최고경영자 위닉은 60억 달러의 재산을 가진 로스앤젤레스 최고의 부자로 행세하였다.

지나친 자신감은 실패의 요인이 되었다. 자만심이 넘치면 자신이 비효율적으로 변했는지 깨닫지 못한다는 것이다. 앨버트 던랩은 선빔과 스코트 제지의 최고경영자를 역임했다. 그는 임금을 삭감하고 비용을 통제하였는데, 자신의 봉급은 큰 폭으로 올리고 그가 타는 비행기는 늘 1등석을 이용하였으며 공짜로 벤츠를 몰고 다녔다. 던랩은 자기 치아가 아파서 치과에 가면서 특급호텔에 투숙한 권리를 요구하였다. 결국 그는 신뢰를 잃게 되었고 그 자리에서 물러나게 하려는 주주들과 소송에 휘말리게 되었다.

앨버트 던랩은 선빔의 최고경영자였을 때에 회계부정과 수익조작 혐의로 자리에서 물러났다. 선빔은 파산했고 던랩은 1500만 달러의 벌금과 배상을 받아들여야 하였다. 한 때 어려웠던 기업들을 회생시키는 데 재주를 발휘하였던 던랩이었다. 하지만 그에게는 남에 대한 배려가 부족하였고 탐욕이 강했다. 그것들은 부정적 가치였다. 그 결과는 불명예스러운 치욕으로 마감했다.

파생상품에 내재된 가장 무서운 점

신용 파생상품 분야의 선두주자인 JP모건체이스와 영국의 중앙은행에 따르면, 신용 파생상품 시장은 2002년에 이미 2조 달러 규모에 이르렀다고 밝혔다. 파생 상품의 문제는 위험에 대해 상당히 취약한 다른 금융기관과 기업들에게 그 위험이 돌아간다는 점이었다.

2002년 기업들의 채무 불이행으로 인해 가장 큰 손실을 입은 곳은 영국의 프루덴셜(미국의 프루덴셜이 아니다)이었는데 5억 달러의 손실을 보았다. CDS는 장부에 반영하지 않아도 되었기에 일반 기업도 규제를 피해하는 편익을 누릴 수 있었다. CDS(신용 디폴트 스왑)에 대하여는 공시의무가 없었기에 문제가 되었다. 파생상품에 내재된 가장 무서운 점 하나는 그것이 수많은 거래들과 하나의 패키지로 묶여 작은 기관 또는 개인에게 팔린다는 것이었다. CDS가 지닌 다른 결정적인 문제점은 계약의 대상인 '채무불이행(디폴트)'을 어떻게 기술하느냐에 따라 계약에 따른 지급 여부가 좌우된다는 것이었다.

JP모건체이스는 2002년에 아르헨티나에서 CDS로 인해 3억5천만 달러의 손실을 냈다. CDO(부채담보부 증권)는 서로 다른 채권들이나 CDS를 모아 포트폴리오를 만든 다음 이 포트폴리오를 구성요소의 품질에 따라 여러 가지로 다시 나누어 투자자들에게 판다. CDO도 CDS와 마찬가지로 대차대조표에서 제외하고 싶은 은행들에 의해 활용되었다. 신용평가 회사들은 이러한 과정에서 뻥튀기 등급

평가기술을 구사했다. CDO가 정당화되는 것은 신뢰할 만한 엄격한 가치가 없는 신용평가 회사들과 그들에게 의존하는 법규가 존재하기 때문이었다.

위험과 가치가 얼마인지도 몰랐다

아메리칸 익스프레스는 고수익 채권과 CDO에 대해 8억2,600만 달러의 손실을 입었다. 아메리칸 익스프레스의 회장 케네스 체놀트는 "아메리칸 익스프레스는 그 파생상품의 위험과 가치가 얼마인지도 몰랐다"고 말했다. 금융에 정통하고 똑똑하다고 여겨졌던 아메리칸 익스프레스가 그랬다는 것이다. 위험과 가치가 얼마인지도 모르면서 거래하는 것은 무책임한 것이며 부정적 가치를 산출하는 원인이 되었다.

투자자들의 패닉은 금융시장에 가장 대표적인 위험한 요소라는 점이다. 뮤추얼펀드들은 투자자들에게 많은 손해를 안겨주었다. '강화된 인덱스펀드'로 광고되는 수많은 펀드들도 사실은 '위장된 뮤추얼펀드'였다. 적극적으로 운영되는 뮤추얼펀드들은 대부분 시장 평균보다 실적이 낮았다. 탁월한 가치를 창출하지 못하는 이유는 대부분의 금융 관련자들이 돈에 대한 탐욕에 빠져 있었고 진정한 가치를 창출하려는 진실한 양심이 부족했기 때문이었다. 바로 진정으로 건전한 정신력의 부재였다.

자만심과 안일함의 부정적 가치에 파묻혀

디지털 사업이 처음 등장했을 때 코닥은 무관심했다. 디지털 기술을 수용하여 사업을 재구성해야 한다는 긴박감이 부족했던 것이다. 코닥의 최고경영자 캔 카프는 "나는 20년 전에 디지털 카메라를 처음 보았다. 나는 회사가 이 신기술을 기반으로 스스로 진화할 것이라고 믿었다."라고 말했는데, 그가 20년을 긴박감 없이 여유만만하게 흘려보냈다는 사실이다.

시장의 리더였던 코닥은 위기가 닥쳐왔다는 사실을 부인하면서 여러 해 동안 디지털 혁신을 미루었다. 1984년에 소니가 마비카라는 최초의 디지털 카메라를 선보였다. 1980년 초에 후지필름 사장인 미노루 오니시는 디지털 기술연구개발에 20억 달러를 투자했다.

코닥은 당시 약 2만 건에 달하는 특허를 출원한 상태였고, 그 중 디지털 이미지 분야에 대한 특허만도 1천 건이 넘었는데, 그럼에도 코닥은 제때 행동에 나서지 못했다. 미니랩이란 고도로 자동화된 사진 현상소인데, 1시간 내에 필름 현상을 마칠 수 있다. 2003년 3월 후지는 월마트 등의 할인 소매점에 5천 개가 넘는 디지털 미니랩을 운영하고 있었던 반면, 코닥은 겨우 1백 개밖에 안 되었다. 코닥은 디지털 카메라에 대한 기술을 최초로 개발한 회사였다. 그럼에도 자만심과 안일함의 부정적 가치에 파묻혀 시장의 변화에 둔감했던 것이다. 변화에 유의하며 정신 긴장감을 유지하는 것은 탁월한 가치를 창출하는 데 절대적으로 중요한 것이다.

부족함과 무지함에 둔감했던 것

디지털 이큅먼트 코퍼레이션(DEC)은 80년대 초미니 컴퓨터를 개발하여 컴퓨터산업에 혁명을 가져왔다. 최고경영자 올슨은 이런 성과를 거둬 전설적 평가를 받았다. 80년대 중반에 이르러 PC가 각광을 받기 시작했고 미니컴퓨터는 구식이 되어버렸다. 올슨은 이러한 사실을 외면했다. 1990년이 되자 DEC의 수입은 83% 감소했다.

그럼에도 올슨은 "우리는 여전히 성장하고 있고, 차별화된 장기적인 전략들을 갖고 있다"라고 말했다. DEC는 28억 달러의 적자가 발생했고 20,000명의 직원을 해고했다. 1992년 올슨은 회장 자리에서 물러났다. 올슨이 과거의 성공에 연연하고 자신의 부족함과 무지함에 둔감했던 것은 부정적 가치의 하나였다.

기술력만으로 지속적 가치를 창출 못해

에드윈 랜드의 폴라로이드사는 즉석 사진을 개발했다. 1950년경 폴라로이드 카메라가 등장하여 100달러의 가격이 매겨졌다. 폴라로이드는 첫 5년 동안 50만 개의 모델95를 팔았다. 랜드는 발명가이자 과학자이며 은퇴할 때에 에디슨 다음으로 많은 800여 개의 특허를 가지고 있었다. 폴라로이드사의 부사장인 셀던 부클러는 "간단한 발명이라는 것은 없다. 이것은 하나같이 어려운 아이디어들의 수많은 고리에 의해 지지되어야 한다. 우리에게는 대부분의 사람들이 '더 이상 해봤자 소용없다'라고 말했을 만한 고비가 100번이나 있었다"라고 말했다.

1972년 폴라로이드 주가는 이윤의 90배에 달하였는데 1986년에도 즉석 카메라와 즉석 필름의 매출이 순조롭게 증가하고 있었다. 에드윈 랜드가 은퇴하고 새로운 경영자들이 등장하였다. 새로운 경영자들은 폴라로이드의 수많은 특허들과 기술에 자신감이 넘쳤으며 이것이 지나쳐 자만심으로 변했다.

이들은 디지털 카메라와 같은 엄청난 시장의 변화에 둔감했고 무시하였다. 그 결과 회사의 운영 상태는 점점 비효율적이 되었다. 폴라로이드사는 최고위층이 생산에 관련된 사항들에 대해 내린 결정이 일선 직원에게 전달되기까지 1주일 이상이 걸렸다. 2002년 파산을 선고받은 폴라로이드는 디지털 제품을 만들어보려는 시도조차 하지 않았다. 그들은 그동안 쌓아온 인프라의 가치를 잃고 결국 파산하고 말았다. 뛰어난 기술력만으로는 탁월한 가치를 지속적으로 창출할 수 없다는 대표적 사례였다. 탁월한 가치는 정신력에서 출발한다는 사실이다.

엄청난 보수는 오만과 부정적 가치를 생산

1980년 무렵, 대기업의 최고경영자가 받는 평균 연봉은 평사원의 42배나 되었다. 당시 경영학자 피터 드러커는 "이런 엄청난 임금 격차는 사실상 직원의 역할을 비웃는 짓에 해당하고 이는 경영진의 신망에 큰 손상을 입힐 것"이라고 경고했다. 1995년에 평사원과 고위 경영진의 임금 격차는 160배가 되었고 2000년에는 458배까지 뛰었다.

엄청난 보수는 오만을 불러일으키며 부정적 가치를 생산하는 요인이 된다. 많은 사람들이 부정적 가치를 산출하면서도 그것을 인식하지 못하고 있다는 사실이다. 이는 끊임없이 스스로를 반성해야 할 필요성을 강조하는 것이다.

chapter 22

일에 함몰되기보다 즐긴다는 것

탁월한 마케팅의 원리

chapter 22

일에 함몰되기보다 즐긴다는 것

만족하는 법은 즐겁게 살아가는 방법

인간능력개발을 연구하는 로버트 크리겔은 오랫동안 스포츠 선수들을 지도해 왔다. 크리겔은 선수들이 전력을 다해 달리는 것보다는 90%의 힘만 가지고 달릴 때 훨씬 더 놀라운 기록을 보인다는 사실을 알게 되었다. 비즈니스에서도 그러한 점에서 공통점이 있다. 연구에 의하면, 시간을 효율적으로 관리하고 적절한 휴식을 취하는 사람이 훨씬 높은 성과를 올렸다.

성공하는 사람들은 일 자체에 함몰되기보다 일을 즐긴다는 것이다. 최고만을 추구하는 사람을 '극대화자'라고 부른다. 극대화는 엄청난 부담을 안겨주는데 이에 대한 대안은 '만족자'이다. 극대화는 결국 불만족으로 귀결되는 것이 당연하다. 노벨상을 수상한 경제학자이자 심리학자 허버트 사이먼은 1950년대에 "최상의 방법은 '만족하기'이다"라고 주장했다.

선택이 야기하는 문제들은 만족자보다 극대화자에게 훨씬 더 심각하다. 극대화 수준이 높은 사람들은 삶에 덜 만족했고 덜 행복했고 덜 낙천적이었고 더 우울증을 경험했다고 한다. 연구에 의하면, 극대화자와 삶의 불행이 서로 관련이 있다는 사실이다. 극대화자는 삶을 불행하게 만들 가능성이 높다. 만족하는 법을 배우는 것은 선택의 연속 과정인 삶을 즐겁게 살아가는 방법이다. 극대화는 효율성에 관한 것이 아니라 마음의 상태다.

이전보다 행복하다는 벼락부자는 없다

심리치료사들이 가장 먼저 배우는 계명은 "완전무결하게 깨끗한 사람은 없다"는 명제라고 한다. 20대 중반에 수백만 달러를 모은 재산가가 되었다가 결국 마약에 빠져 35세에 자살한 헐리우드의 신동 에이전트 제이 머로니가 있다. '삶과 일'의 저자 제임스 로트리는 "도저히 따라갈 수 없는 목표를 달성한 사람들이 상상하는 것만큼 행복하고 안정감을 느끼며 뚜렷한 확신을 가지고 있다는 생각은 전혀 근거가 없다"고 말했다. '벼락부자 증후군'이 있다. 이는 이전보다 더 행복하다는 벼락부자는 거의 없다는 사실을 강조한다. 노벨상을 받은 작가가 그 이후로부터 큰 업적을 남기는 경우란 거의 없다고 한다.

일본의 평균소득은 폴란드의 10배에 가깝지만 행복한 사람들의 비율은 두 나라가 거의 비슷하다고 한다. 일본의 일인당 소득은 지난 40년 동안 5배나 증가했지만, 사람들의 행복지수는 거의 높아지지 않았다. 심리학자 셀리그먼의 연구결과, 통제력이 많을수록 사람들은 무력감을 덜 느끼며, 그래서 우울증에도 덜 걸린다고 한다.

부정적인 감정이 미치는 영향

유전 병리학자인 데이비드 스노우든은 노트르담 수도원의 수녀 678명을 대상으로 연구를 하였다. 행복감, 사랑, 희망, 감사 등과 같은 긍정적인 감정으로 차 있던 수녀들은 그렇지 않는 수녀들보다 더 오래 풍성한 삶을 살았다. 스노우든의 연구는, 좌절과 절망이 알츠하이머병을 일으킬 가능성을 2배로 증가시킨다는 다른 연구결과와도 일치한다.

부정적인 감정이 성과에 미치는 영향은 스포츠에도 뚜렷하였다. 세계적인 테니스 선수 맥켄로보다 재능이 떨어지던 코너스는 더 오랫동안 세계 최고의 선수로 남을 수 있었다. 이는 코너스가 맥켄로보다 자신의 감정 에너지를 더 효율적으로 관리했기 때문이었다. 맥켄로는 "내 인생 최악의 실패이자 손실은 내가 화를 내느라 에너지를 모조리 써버리고 말았다는 사실이다"라고 고백하였다.

빠른 것이 항상 좋은 것은 아니다

신경학자인 리처드 레스탁은 “뇌를 개발하는 일에는 늦었다는 개념이 없다. 뇌는 쓰면 쓸수록 더 정교해진다”라고 말했다. 스노우든의 연구에서도 “지적인 활동을 계속하면 정신적 능력의 감퇴를 막을 수 있다”라고 알려주었다. 하버드 의과대학 교수 마저리 실버는 “뭔가 새로운 것을 배울 때마다 두뇌 세포는 다양한 패턴으로 네트워크를 형성한다. 뇌를 자극하는 활동을 하면 그 결과 알츠하이머병과 관련된 세포에도 새로운 패턴과 네트워크가 형성되어 추가로 뇌세포를 사용할 수 있는 여지가 남게 된다”라고 말했다.

여유가 없으면 창의성과 혁신적인 아이디어가 나오기 어렵다는 사실이다. 마케팅에서도 빠른 것이 항상 좋은 것은 아니다. 체스 세계챔피언인 개리 카스파로프는 “아무리 좋은 수가 떠올라도 다시 한 번 세심하게 살펴보아야 한다”라고 말했다. 최고의 광고업체 브라이트하우스의 최고경영자 조이 레이맨은 “알차게 생각하고, 창의적인 아이디어 개발에 충실하려면 보다 많은 시간을 가지고 생각해야 한다”라고 말했다.

‘부드럽게 하는 방법’을 터득

육상의 신기록을 세운 칼 루이스의 코치 텔레스는 루이스에게 90%의 힘만 들여 뛰도록 지도했다. 그 결과 루이스는 놀라운 실력을 발휘하였다고 한다. 세계최고의 상업 모터스포츠 레이싱의 우승자 제프 고든의 수석 엔지니어 레이 에번햄은 “나는 고든에게 전력을 다해 페달을 밟으려고 하지 말고 긴장을 풀고 편안히 천천히 원을 그리듯 부드럽게 돌라고 주문했다. 그 결과 놀랍게 기록이 단축되었다"라고 말했다.

소프트웨어 생산업체인 이프스위치사의 회장인 로지 그린은 직원의 휴가기간을 늘리고 야근을 하지 않도록 하였다. 그 결과 이직률이 동종업계의 절반에 불과하였고 매출은 33% 늘어나고 수익도 430만 달러에 이르렀다. 지나치게 일에 매달리지 않는 것이 오히려 성과에 도움이 되었다는 사실이다. '부드럽게 하는 방법'을 터득하게 되면 성과와 창조력이 향상되어 양질의 삶을 누리게 된다. 갤럽연구소의 분석가인 마커스 버킹엄은 뛰어난 관리자에 대해, "그들은 강점에만 주력하고, 약점은 적절하게 관리할 뿐이다"라고 말했다.

생각하는 시간은 반드시 필요

비즈니스맨에게 생각하는 시간은 반드시 필요하다. 리츠칼튼 호텔의 회장 호스트 슐츠는 아침마다 1시간씩 생각하는 시간을 갖고 있었다. 그는 창의적인 휴식의 필요성을 설명했다. 세계적인 작가 버나드 쇼는 "나는 일주일에 한두 번 정도 생각하는 시간을 가진 덕분에 명성을 얻게 되었다"라고 말했다. 항상 바쁜 사람은 창의적이지 못하다는 사실이다. 토머스 에디슨이나 윈스턴 처칠은 낮잠을 즐겼고 매우 생산적으로 활동했다. 가치를 창출하는 사람은 생각하는 사람들이다.

주요 대기업에 재직하고 있는 CEO의 50% 이상이 평균 C학점을 받았다는 사실이다. 미국 상원의원의 65%, 미국 대통령의 75%는 성적이 중간에도 들지 못했다. 학교 성적과 생각하는 능력은 전혀 별개의 것일 수 있다. 더욱이 비즈니스에서 탁월한 능력을 발휘하는 것은 학교 점수가 아니다. 혁신적인 아이디어는 정반대로 생각할 때 얻어지는 경우가 많다.

뛰어난 학습자란 정신 자극을 얻는 사람

경쟁에서 살아남으려면 뛰어난 학습자가 되어야 한다. 뛰어난 학습자란 학교 점수를 많이 취득하는 사람이 아니다. 오히려 생각하는 능력, 창의력, 정신적 자극을 끊임없이 얻는 사람을 의미한다. 제록스 사장이었던 피터 맥콜로는 "사람들이 사회에서 이루어낸 성취도는 학교에서 보이는 성취도와 반대이다. 중간 정도의 성적을 올렸던 학생들이 가장 크게 성공한다"라고 말했다. 영리한 사람일수록 자기 자신에만 의지하기 때문이다. 성공하려면 부단히 무언가를 배워야 한다는 사실이다.

조급하면 오히려 배움이 늦어지고 많은 실수를 저지르게 된다. 호기심이 많으면 다른 사람의 의견을 귀담아 듣는 법이다. 찰스 슈왑의 공동 회장인 데이비드 포트럭은 "해답을 귀담아 듣는 것보다 문제를 귀담아 듣는 것이 훨씬 중요하다"고 말했다. 점수 따기에 바쁜 사람들은 문제를 귀담아 듣기보다 해답부터 구하고 있으니 그것이 실패의 원인이 된다. 요컨대 일에 함몰되기보다 즐긴다는 것은 가치를 창출하는 데에 핵심적인 요인인 것이다.

chapter 23

학습은 가치 창출의 기본

탁월한 마케팅의 원리

chapter 23

학습은 가치 창출의 기본

탁월한 가치는 생존의 과제

비즈니스의 현장은 전쟁터와 같다. 그만큼 치열하고 경쟁이 심한 곳이기 때문이다. 전쟁터에서 공격하는 진영은 수비하는 진영보다 최소한 3배 이상의 전력을 구비해야 한다고 한다. 마찬가지로 비즈니스맨은 고객들보다 훨씬 강한 전력을 구비해야 한다. 여기에서 전력이란 가치를 의미한다.

탁월한 가치를 창출할 수 있는 비즈니스맨은 현장에서 오래 생존할 것이다. 반면에 그렇지 못한 비즈니스맨은 평범함 속에서 괴로운 역정을 가게 될 것이다. 따라서 비즈니스맨은 자신의 가치와 능력을 탁월하게 만들어야 할 과제가 있다.

자신의 가치와 능력을 향상시키는 데는 학습이 가장 경제적이며 확실한 방법이다. 영국의 심리학 교수 존 슬로보다는 "다섯 살 나이에 연주회에서 잘 연주할 수 있다는 것은 신화일 뿐이며…음악가는 타고나는 것이 아니다. 모차르트라 할지라도 많은 시간을 연습해야 했다"고 말했다.

학습하는 사람과 학습하지 않는 사람

탁월한 음악가 카잘스는 유명해 진 뒤에도 매일 6시간씩 연습했다. 누가 왜 그렇게 많은 연습을 하느냐고 물으니 카잘스는 "나는 진보하고 있다고 생각하기 때문이오"라고 대답했다. 천부적인 재능을 지닌 카잘스도 그처럼 맹렬하게 자신을 향상시켰는데 마케팅에 종사하는 사람들도 그를 본받아야만 하지 않겠는가? 카잘스보다 더 탁월한 재능을 가진 사람만이 예외가 될 수 있을 것이다.

학습도 마찬가지이다. 비즈니스맨은 끊임없이 학습에 매진하는 것이 일과로 되어야만 한다. 매일의 자기 훈련이 필수적이다. 유명한 사회학자 벤저민 바버는 "나는 이 세상을 학습하는 사람과 학습하지 않는 사람으로 나눈다"라고 말했다. 학습하지 않고서는 탁월한 가치를 창출하는 비즈니스맨이 될 수 없는 것이다.

자기 존중은 필수적

시장에서 자기 존중은 필수적이다. 스스로를 존중하지 않는 비즈니스맨을 고객은 결코 존중하지 않는다. 자기 존중을 높은 수준으로 유지해야 한다는 것과 상대방을 우월한 위치에 올려놓아야 한다는 말은 모순되는 것이 아니다. 자기 존중은 대내적인 평가이며 상대방을 우월한 존재로 배려하는 마음자세의 바탕이다. 높은 수준의 자기 존중은 남을 존중할 수 있는 힘을 부여해주는 것이다.

어떤 비즈니스맨은 이렇게 말할 것이다. "나는 학습에 별 소질이 없는데요. 다른 방법은 없을까요?" 일리가 있는 말 같다. 그러나 그 생각은 잘못된 것이다. 필자는 앞에서 "자신의 가치와 능력을 향상시키는 데는 학습이 가장 경제적이며 확실한 방법이다"라고 말했다. 다른 방법으로 자신의 가치와 능력을 향상시키는 것은 훨씬 더 어렵고 힘든 일이다.

인간에게 학습은 누구에게나 있는 천부적인 능력이다. 그 능력이 정말로 천부적인가 여부는 필자의 저서 "시스템학습법의 완성"(도서출판 교우사)을 참고하기 바란다. 그리스의 유명한 웅변가 데모스테네스는 어눌했으며 남 앞에서 말하는 공포가 심했다. 그에게 대중 연설은 반드시 해야 하는 과제였다.

연습과 연습에 몰두해야

당시 그리스에서는 대중 연설을 통하여 자신의 유산을 선포해야 하는 법이 있었다. 자신의 재산을 지키고 사회에서 제 역할을 하기 위해서는 대중 연설을 능숙하게 하는 것이 필수적인 과제였다. 데모스테네스는 자신의 수줍음과 대중 공포증을 극복하기 위하여 엄청난 연설 훈련을 하였다. 그는 발음을 교정하기 위해 입에 자갈을 물고 연습했다고 한다.

상당한 기간이 지나자 그의 발음은 놀라울 만큼 교정되었다. 또한 대중에 대한 공포증이 사라지고 그리스 역사상 가장 위대한 대중 연설가로 이름을 얻게 되었다. 그 결과 그는 그의 엄청난 재산을 지킬 수 있었다. 아무리 소질이 부족하고 능력이 부족한 사람도 학습은 결코 불가능하지 않다. 학습 능력은 누구나 타고 나는 능력이다. 다만, 연습과 연습에 몰두해야 한다.

끊임없이 탐구하는 마음

1925년에 맥킨지는 자신의 회사인 '제임스 O. 맥킨지사'를 차렸다 오늘날 맥킨지사는 그에서 비롯되어 세계적인 기업이 되었다. 창업자 맥킨지는 훌륭한 교수이자 컨설턴트였고 일류 경영인이었다. 맥킨지는 1889년에 태어나 1913년에 아칸사스대학에서 법학사 학위를 받았다. 그는 숙련된 컨설턴트의 필요성을 알게 되었다.

맥킨지는 학생들에게 분석적 사고를 개발할 필요성을 강조하였다. 이것은 간단히 말하여 경영의 수량적 방법을 강조한 것이다. 백화점 마샬 필드사의 최고경영자가 된 맥킨지는 사람들에게 '바르게 생각하기'를 훈련시키고 행하게 하는 데 지대한 관심을 가지고 있었다. 그는 일주일에 한번 아침 8시-9시에 매장에서 수업을 했다.

그러한 노력의 결과 마샬 필드사는 경영이 효율적으로 작용하기 시작하였고 적자에서 흑자로 전환되었다.

뛰어난 비즈니스맨인 맥킨지가 가진 것은 끊임없이 탐구하는 마음이었다. 그는 어떤 대답을 주기보다는 질문을 하기 시작했다. 맥킨지는 철두철미하게 한 곳에만 몰두했다. 그는 실용주의자였고 원칙을 대단히 신봉했다. 맥킨지의 학습에 대한 열정은 모든 것을 효율적인 것으로 변화시켰으며 경영에 혁신을 가져왔다는 사실이다. 당연히 마케팅에도 혁신을 불러일으켰다. 학습은 위대한 혁신의 원동력임을 명심해야 한다.

책을 읽거나 연구를 할 계획이다

미국 건국 공로자의 한 사람인 벤저민 프랭클린은 우수한 인쇄기술자이자 작가였다. 그는 18개나 되는 공장도 경영했고 우체국장이었고 기상학의 아버지라고 불렸다. 공공도서관의 발안자였으며 정치가, 철학자였다. 그는 '돈에 관한 올바른 이론'을 실천함으로써 42세라는 젊은 나이에 은퇴할 수 있었다. 프랭클린은 84세로 죽기까지 후반 42년간 인생에서 많은 업적을 이루었다.

그는 "나는 책을 읽거나 공부나 연구를 할 계획이다"고 편지에 썼다. 프랭클린은 "나는 근면과 검약을 늘 명심했다. 필요 이상으로 옷치레와 장식을 하지 않았고 오락시설에 가지 않았다"고 썼다. 그는 돈을 버는 것보다 저축의 중요성을 알았고 이를 실천했다.

프랭클린은 인쇄소에서 일할 때 남는 시간을 책을 읽거나 글을 쓰거나 자신을 고양시키기 위해 이용하였다. 근면과 인내, 검약이 가져온 번영이었다. 성공한 사람들은 자기 자신이 가장 가치 있는 투자 대상임을 알았고 자신의 재능과 실력을 위해 투자하였다.

1746년 프랭클린은 애덤 스펜서 박사의 전기에 관한 강의를 우연히 듣게 되었고 스펜서 박사가 갖고 있던 모든 실험도구를 사들였다. 프랭클린은 전기 스파크는 분리되어 있던 전하들을 골고루 퍼지게 하는 전기 현상이라고 주장했다. 그의 주장은 논리가 분명하였다.

학습을 회피하는 것은 문제를 회피하는 것

42살에 이미 인쇄업으로 많은 돈을 벌어들인 프랭클린은 전기 실험에 몰두하였다. 그는 실험을 통해 번개와 전기가 같은 현상이라는 점을 보여주었다. 프랭클린은 유럽 사람들에게 인정을 받았고 독일의 철학자 임마누엘 칸트는 프랭클린을 '근대의 프로메테우스'라고 추켜세웠다. 프랭클린은 1752년 자신이 살고 있는 집에 피뢰침을 설치하였다.

벤저민 프랭클린은 "고통을 주는 것이 곧 교훈을 주는 것이다."라고 말한 바 있었다. 정신과 의사 스콧 팩은 "문제와 그에 따르는 정신적 고통을 회피하려는 경향이 모든 정신 질환의 주된 원인이다. 정당한 고통을 회피할 때 성장도 회피하는 것이 된다."라고 말했다. 학습에 익숙하지 않아 학습을 회피하는 것은 문제를 회피하고 고통을 회피하는 것이다. 자신의 가치를 향상시키기 위해 고통의 시간을 감내해야 한다. 다시 말하면 학습에 익숙해지는 훈련을 받아들여야만 미래가 있는 것이다.

벤자민 프랭클린은 "부자의 비결은 오로지 근면과 인내와 검약일 뿐이다"라고 말했다. 그의 인생 성공의 기반에는 끊임없이 학습하는 습관이 자리 잡고 있었다는 사실이다. 프랭클린은 사업가로서 놀라운 성공을 거둔 뛰어난 마케팅을 실행했던 것이다.

학습에 광적인 집착으로 유명

GE를 뛰어난 마케팅 능력을 지닌 회사로 발전시킨 잭 웰치는 학습에 광적인 집착으로 유명하였다. 그 자신이 일리노이대학교에서 박사학위를 취득할 정도로 그는 학습에 심취하였다. 1935년 매사추세츠주 피버디에서 태어난 그는 매사추세츠 대학에서 화학공학 학사학위를 받았고 일리노이 대학에서 화학공학 석사, 같은 대학에서 1960년 박사학위를 받았다.

1981년 웰치는 최고경영자가 되었다. 1993년 GE의 13개 사업 중에서 12개 사업이 시장점유율 1, 2위를 기록했다. 1980년대 초, GE는 250억 달러의 매출에 15억 달러의 순이익이었으나 1993년에는 606억 달러 매출에 52억 달러의 순이익을 이루었다.

잭 웰치는 직원들에게 학습에 대한 강박증을 장려하기까지 했다. 그는 경영의 목표를 추구하는 과정에서 무엇보다 학습을 중시하였다. 학습에 대한 그의 독려는 회사 전체의 민첩성을 높여주었다. 잭 웰치는 리더십이라는 기본 덕목에 학습 열의가 만개하도록 하였다.

오랜 역사를 지닌 GE는 노쇠한 기업으로 쇠퇴하지 않았다. GE가 미국에서 막강한 기업으로 자리 잡았던 것에는 웰치의 학습에 대한 열의가 뒷받침하고 있었기 때문이다.

학습과 민첩성은 밀접한 관련

성공한 CEO는 끊임없이 학습, 변화, 실적을 추구하여 왔다. 빠른 속도로 변화하는 시대에서는 조직 문화와 리더십이 무엇보다도 중요하다. 학습과 민첩성은 밀접한 관련을 갖는다. 학습하지 않는 사람은 변화를 싫어하며 행동과 생각이 느려지게 된다는 사실이다. 정신적 자극이 없는데 무슨 의욕이나 민첩성이 나올 수가 없는 것이다.

배움에 대한 게으름은 인간을 매사에 무관심하고 자기중심적으로 만들 수 있다. 배움을 멈추면 변화에 적응하지 못하고 유용하게 활용하는 능력을 잃어버린다. 그러므로 자기 계발은 단순히 지식의 증가나 스펙을 쌓는 과정이 아니다. 학습은 자신을 반성하고 통찰하게 하는 가치 있는 효능을 갖고 있는 것이다.

인간은 정체되어서는 결코 안 된다. 외국어이든, 악기이든, 책이든 무엇인가를 배우고 익히는 것이 중요하다. 퍼시 스펜서는 미국의 레이시언사에서 39년 동안 근무하면서 120가지의 발명 특허를 얻었다. 그는 중학교도 졸업하지 않은 사람이었다. 스펜서의 그칠 줄 모르는 탐구심은 전자레인지를 최초로 발명하게 만들었다. 그의 탐구심은 그의 주머니에 넣어둔 사탕이 레이더 장치의 출력관 앞에서 녹기 시작하는 것을 지나치지 않게 하였다. 그것이 위대한 발명의 단초였다. 학습은 마케팅의 기본이며 모든 가치의 원천인 것이다.

chapter 24

탁월한 가치와 SR경쟁력 프로그램

탁월한 마케팅의 원리

chapter 24

탁월한 가치와 SR경쟁력프로그램

P&G의 탁월한 가치

P&G는 1837년에 창업된 회사다. 기업의 수명이 통상 30년이라고 한다면 P&G는 이미 5번 정도 망했어야 하는 회사이다. 그런데 P&G는 신생 기업보다 더 활발하고 긴장감이 살아 있는 회사라는 사실이다. P&G의 핵심 선언문에는 "P&G라는 기업은 곧 사람이며 신봉하는 핵심가치다"라고 되어 있다. 필자는 P&G에서 근무하였던 찰스 데커의 저서와 여러 자료를 통해 이 회사의 탁월한 가치를 발견하였다.

1947년 사장 리처드 듀프리는 "돈, 건물, 브랜드 등 모든 것이 없어져도 모든 직원을 그대로 남겨둔다면 10년 이내에 모든 것을 재건할 수 있다"라고 말했다. 1887년에 P&G는 미국 대기업 중 최초로 이윤분배제를 도입했다. P&G는 "우리는 모든 직원을 존경한다"는 원칙을 지켜 왔다. P&G는 300개 이상의 브랜드를 판매하며 미국 가정의 98%가 P&G제품을 사용하고 있다고 한다. 창의적이며 혁신적인 P&G는 신중하면서도 과학적인 방법을 선호하였다. 이 회사는 모든 임직원에게 스톡옵션을 제공하여 강력한 동기유발을 하여 왔다.

P&G에서 철저한 마케팅 훈련

스티브 발머는 2000년1월 게이츠로부터 최고경영자 직함을 넘겨받았다. 게이츠는 회장직과 소프트웨어 개발책임자라는 새로운 직책에만 전념하기로 하였다. 발머는 무서운 추진력과 재능을 가지고 있었다. 하버드대학을 졸업한 발머는 P&G의 식품사업부에 브랜드 보조원으로 입사했다. 그는 P&G에서 약 2년간 근무했다.

스티브 발머가 마이크로소프트에 입사하기 전에 P&G에서 혹독한 회사 생활을 경험한 것은 그에게 좋은 경험이 되었다는 사실이다. 발머가 강력한 마케팅 활동을 하는 것은 P&G에서 철저한 마케팅 훈련을 받았기 때문이었다. P&G는 직원이 입사한 후 충분한 훈련과 교육을 받아 그 역할을 할 수 있을 때까지 교육하고 또 교육하여 왔다. 어떤 경우에는 1년 이상 훈련을 하고 나서야 비로소 직무를 맡기기도 한다.

혹독한 개인 훈련이 필요함

P&G는 임직원들이 학습하기 위해 혹독한 개인 훈련이 필요함을 강조하여 왔다. 끊임없이 최고의 기술을 습득하기 위해 노력해야 한다는 것이다. P&G는 지속적인 헌신을 요구하는데 이는 성실성과 관련된다. 보통의 기업 수명이 30년이라고 하는데 P&G는 창업된 지 170여 년이 지났음에도 생기가 넘치고 긴장감이 살아있는 조직으로 남아있다. 이는 이 회사의 경영 철학이 임직원들의 정신력이 쇠퇴하지 않도록 끊임없이 자극하고 있기 때문이다. 이들에게 학습은 단지 지식이 아니라 정신적 자극의 원천이 되는 것이다.

P&G는 '1페이지 메모'를 통하여 정보를 정확하고 간결하게 보고하는 것을 요구한다. 이는 커뮤니케이션에 중요하다. 많은 기업들이 창업하고 세월이 지나면 지날수록 복잡해지고 나태해지며 의사결정이 느려지고 있다는 사실이다. P&G는 이러한 타성을 극복하기 위하여 '1페이지 메모'로 간단하고 명료하며 신속한 정보의 흐름을 추구해 왔다. 1페이지 이상의 내용은 용납하지 않는 단호한 단순화를 끈질기게 추구한다는 것이다. 꾸물거리거나 방심하는 것은 기업 쇠퇴의 징조임을 P&G는 알고 있는 것이다.

학습하게 하여 정신력이 살아 있게

P&G는 시장의 변화에 적응하기 위해 변혁을 추구해 왔다. 직원들이 학습을 계속해서 자기 계발을 하게 하는데 이에 나태하거나 부진한 직원에게는 엄격한 추궁을 해 왔다. 이 회사는 보상에 있어

서도 무조건적이 아니라 엄격하게 합당한 자격과 능력을 갖추었을 때 보상해 왔다. 관리자들은 사업을 성장시키는 것과 직원들을 성장시키는 것으로 실적을 평가받았다. 관리자는 사업만을 성장시키는 것만으로는 안 되며 직원들을 유능하게 만들어야 할 책임이 있다는 것을 의미하였다.

P&G는 규범을 준수하는 것을 중요시 해 왔다. 그러므로 높은 도덕적 규범을 추구하며 이에 위반하는 직원에게는 엄격한 추궁이 뒤따랐다. 이 회사는 단순히 이익이 아니라 정당한 이익을 추구하는 것이다. 경영진은 윤리적 경영의 가치를 중시하였다. 타인에 대한 존중의식은 P&G문화에서 배울 수 있는 귀중한 원리였다. 이 회사의 뛰어난 마케팅 능력은 끊임없이 교육하고 학습하게 하여 정신력이 살아 있게 만드는 데에 있다는 것이다.

마케팅은 경영자와 모든 직원의 과제

IBM의 창업자 톰 왓슨은 회사를 뛰어난 마케팅 조직으로 만들었다. 톰 왓슨이 보기에 조직의 성공은 가치와 신념에 관한 것이었다. 그는 "모든 조직이 성공하기 위해서는 반드시 확고한 신념체계를 갖고 있어야 하며 그 신념들을 성실하게 고수해야 한다"라고 말했다. 그것이 마케팅에서 매우 중요한 요인이었기 때문이다. 신념이란 생각의 결과이며 생각은 끊임없이 학습하는 자에게서 나오는 것이다.

미국의 철학자이자 심리학자인 윌리엄 제임스는 "현명하다는 것은 무엇을 무시해야 하는지 아는 것이다"라고 말했다. 무엇을 무시해야 하는지 알려면 통찰력이 필요하다. 이러한 통찰력은 상당한 기간 학습하여 자신의 식견과 안목이 깊고 넓어져야만 가능하게 되는 것이다.

굳은 의지와 사고할 수 있는 능력

토머스 엘바 에디슨1847-1931년는 특허권수가 1093개였고, 그 다음으로 에드윈 랜드가 823개, 제리 레멜슨이 532개, 알렉산더 그래험 벨이 321개였다. 에디슨이 처음 발명한 것은 주가의 변동을 신속하게 제공받을 수 있도록 한 주가표시 시스템이었다. 그는 자신이 발명한 가장 뛰어난 것은 자신이 설립한 '연구소'라고 말했다.

에디슨은 27세에 워드가에 상점을 열면서 다수의 사업체를 가진 발명가로, 과학과 기술에 관해 글을 쓰는 인기 있는 집필가로 명성을 얻게 되었다. 그는 모든 연구원을 직접 보고 채용하려 애썼다. 2년 동안 2,000명의 지원자를 면접하고 채용한 사람은 80명에 불과했다. 그가 연구원을 선발할 때 중시한 것은 자격요건과 능력도 중시했지만 굳은 의지와 스스로 사고할 수 있는 능력을 최우선으로 보았다.

연구와 학습으로 깊은 통찰력

에디슨은 발명에서 탁월한 능력을 발휘하였다. 독서광이었던 에디슨은 관련 서적에서 유용한 지식을 습득하는 연구방식을 고수했다. 어떤 과제를 갖게 되면 에디슨은 관련 자료에 대한 연구와 학습으로 깊은 통찰력을 얻을 때까지 매달렸다. 그는 "나는 발명에 관련된 주제에 관한 책들을 읽어본다. 끈질긴 인내는 무슨 일이 있어도 필요하다. 문명화에 가장 필요한 과제는 사람들에게 생각하는 법을 가르치는 것이다"라고 말했다. 에디슨은 학습의 중요성을 깊이 인식하였던 사람이었다.

그의 진정한 능력은 그의 능력을 사람들에게 알리는 마케팅 능력이 뛰어났다는 사실이었다. 에디슨의 발명에 관한 실적이나 뛰어난 마케팅 능력은 항상 학습하는 그의 습관이 원천이었다는 것이다.

가치의 향상을 위한 교육

탁월한 학습자로 강력한 경쟁력을 취득

필자는 능력향상 교육프로그램인 SR경쟁력프로그램을 전파하고 있다. 많은 기업의 임직원들을 위하여 노하우를 전파하고 있으므로 관심이 있는 기업은 그 혜택을 받을 수 있다. SR경쟁력프로그램은 탁월한 학습자로 변신하며 강력한 경쟁력을 취득하게 만든다. 임직원들이 스스로 학습하며 정신력과 실력을 혁신하게 되며 무사안일과 타성을 제거한다.

* 무료교육 신청 : 전화 011-763-2830, 031-398-2830

SR경쟁력프로그램은 국제청년회의소JCI 세계대회에서 105개국 중 개인능력개발부문의 최우수 교육프로그램으로 선정되어 2006

년 11월15일에 수상, 발표되었다. 2006년 5월에는 일본에서 열린 국제청년회의소 30여 개 국 아시아태평양 국가대회에서 개인능력 개발 최우수 교육프로그램으로 선정된 바 있다. 필자는 국제청년회의소JCI의 한국조직인 한국청년회의소에서 SR경쟁력프로그램 교육을 실시하여 왔는데, SR경쟁력프로그램의 가치와 우수성이 세계적으로 객관적인 평가를 받은 것이다.

● SR경쟁력프로그램의 테마

이 프로그램은 "1. 강력한 정신개혁 2. 업무능력 혁신 3. SR시스템학습법 4. SR외국어학습법 5. 융화능력 향상" 등의 5가지 테마로 구성되어 있다.

● SR경쟁력프로그램의 교육효과

월 1회 1시간씩 1년간 12회의 강의를 기본으로 한다. 강의만이 아니라 매월1가지씩의 실천사항을 훈련한다. 1년간 총 9가지의 실천사항을 훈련하는 과정이다. 실천사항이 제대로 실현될 수 있도록 필자가 직접 지도한다. 강의는 필자의 경험을 토대로 효과가 입증된 실제적인 방안들이 제시된다. 가장 핵심적 요소는 학습의 노하우이다. 강의는 누구나 이해할 수 있게 쉽게 하므로 모든 임직원이 수강 대상이다.

SR경쟁력프로그램을 수료하면 다음의 결과를 기대할 수 있다.

– 월 2권 이상의 학습능력구비. 스스로 학습하는 임직원이 됨.

– 정신 활력, 정신 긴장감, 자신감을 가진 임직원이 됨.

– 스스로 동기유발하는 임직원, 자율 규제하는 임직원이 됨.

– 철저히 봉사하는 정신자세, 융화하는 능력이 형성됨.

– 뛰어난 업무능력과 외국어능력이 배양됨.

● 교육 내용(회사에 따라 융통성 있게 변경될 수 있음)

1. 잠재력과 가능성/잠재능력/파레토 법칙/핵심능력 높이기
2. 정신력/적극적 정신 만들기/자세조정/마음강화 방법
3. 경쟁력지원 환경 만들기/성공기회 높이기/후나이 성공조건
4. 습관과 경쟁력/좋은 습관 형성하기/관성과 변화비결/
5. 업무능력 혁신 노하우/즉시접근법/우선순위/개인생산성/현장관리/효과적 커뮤니케이션/마케팅 심리학/마케팅 노하우
6. SR시스템학습법/SR시스템학습법 주요 기법, 보조 기법
7. 시스템학습법/학습법의 실천/잠재력 활용/정신집중방법
8. 학습조직과 기업발전/기업경쟁력과 학습
9. 지식경영/강점 활용하기/시간관리/리더쉽의 발휘
10. 아이디어 창조하기/브레인스토밍/ 학습과 아이디어
11. 직장내 융화비결/상사와 융화하기/유능한 상사되기
12. 우수회사 사례/다수 기업체 성공사례, 실패사례

● SR경쟁력프로그램의 실행 프로세스

SR경쟁력프로그램 실행프로세스는 4가지 프로세스로 이루어져 있다.

1) 12차에 걸친 교육실시

2) 9가지의 실천사항 점검

3) 실천사항을 이행하도록 돕는 상담

4) SR학습모임 실시

● SR경쟁력프로그램의 탁월한 가치

SR교육은 실천력이 탁월하다. 9가지의 실천사항은 필자가 실천해온 것이므로 설득력이 있으며 어떤 교육보다 실천을 추구한다. 학습 능력을 향상시키므로 자발적 학습으로 정신 활력, 정신 긴장감, 자신감을 준다. SR경쟁력프로그램은 정신력과 실력의 변화가 이루어지는 것이다.

SR경쟁력프로그램, SR외국어학습법과 SR시스템학습법을 보급하는 것은 '물고기를 잡는 노하우를 기부하는 것'으로서 항구적인 가치를 기부하는 것이다.

반성하고 부족함을 깨달아 스스로 변화

정직성과 진실성은 모든 가치의 바탕이다. 필자는 저서에서 개인전화번호를 공개하고 있다. 이는 필자가 주장하는 것에 대한 확신과 독자에게 책임을 지겠다는 의지의 표명이다. 'SR경쟁력프로그램'은 경쟁력을 실질적으로 향상시키는 매우 소중한 교육프로그램이다. 'SR경쟁력프로그램'은 필자의 체험에 근거한 것이고 제시하는 9가지 실천사항도 그 효과를 체득했던 것들이다. 이를 실천하면 임직원들의 능력은 달라지며 기업 경쟁력도 향상되게 된다. 'SR경쟁력프로그램'에는 'SR시스템학습법' 과정이 있으며 평생 순조로운 학습을 하게 만드는 프로그램이다.

지속하는 학습은 자신을 반성하게 만들고 자신의 부족함을 깨달아 스스로 변화하게 만든다. 학습은 정신 활력, 정신 긴장감, 자신감이 있는 임직원들을 만든다는 사실이다. 또한 지식과 노하우와 아이디어가 솟아나는 회사로 변신하게 된다. 필자의 스케줄 때문에 매월 1개회사만을 수혜 회사로 선정하여 보급하고 있는데 무료로 보급하는 것을 원칙으로 한다. 가치 있는 임직원, 경쟁력 있는 회사로 변화시키고자 하는 경영자는 그 혜택을 신청할 수 있다. 전화 011-763-2830 * www.SRstudy.co.kr의 SRstudy소개 참조.

탁월한 마케팅의 원리

초판 인쇄 / 2011년 7월 15일
초판 발행 / 2011년 7월 20일

지은이 / 임성룡
펴낸이 / 오판근
펴낸곳 / 교우사
출판등록 / 1994년 3월 24일 제6-0256호
주소 / 서울특별시 동대문구 제기2동 148-19
전화 / 02)925-2861(총무부), 02)925-2825(편집부)
팩스 / 02)925-2860

kyowoo@kyowoo.co.kr
http://www.kyowoo.co.kr

ISBN 978-89-8172-892-2

가격 **15,000**원